LE PREMIER AMOUR

ŒUVRES DE MARCEL PAGNOL

DANS PRESSES POCKET :

LA GLOIRE DE MON PÈRE (*Souvenirs d'enfance*, tome I).
LE CHÂTEAU DE MA MÈRE (*Souvenirs d'enfance*, tome II).
LE TEMPS DES SECRETS (*Souvenirs d'enfance*, tome III).
TOPAZE.
MARIUS.
FANNY.
CÉSAR.
LA FILLE DU PUISATIER.
ANGÈLE.
JAZZ.
REGAIN.
NAÏS.
LE SCHPOUNTZ.
LA FEMME DU BOULANGER.
L'EAU DES COLLINES :
Tome I : JEAN DE FLORETTE.
Tome II : MANON DES SOURCES.
LE SECRET DU MASQUE DE FER.
LES MARCHANDS DE GLOIRE.
MERLUSSE.
FABIEN.
CIGALON.
JOFROI.
PIROUETTES.

MARCEL PAGNOL

de l'Académie française

LE PREMIER AMOUR

PRESSES POCKET

ISBN 2-266-00692-4

A PROPOS DU PREMIER AMOUR

Il serait hasardeux de vouloir préciser à quelle époque de sa vie Marcel Pagnol eut l'idée d'écrire « LE PREMIER AMOUR ».

Dans toute son œuvre, il s'est toujours attaché à créer des personnages vrais, les faisant vivre et agir de façon logique dans des décors le plus souvent authentiques.

C'est ainsi qu'il fut considéré par plusieurs réalisateurs de films — dont certains italiens, et non des moindres — comme l'inventeur du néo-réalisme.

C'est dire qu'avant de prendre la plume pour évoquer la vie d'un groupe d'hommes et de femmes si éloignés des personnages de ses œuvres précédentes, il consacra plusieurs années à se documenter passionnément sur l'homme préhistorique.

Dès 1934 il s'était intéressé à « La Guerre du Feu » de Rosny Aîné, ouvrage traitant de l'usage du feu par les premiers hommes.

C'est au début des années quarante qu'il rédigea son scénario dans sa forme définitive, tel que nous le lisons aujourd'hui.

Nous vivons au milieu d'une tribu, au temps de la préhistoire, la difficile existence de ces premiers hommes face aux forces de la nature, aux bêtes sauvages, aux dangers de toute sorte qui menacent sans cesse cette humanité si frêle, aux moyens de défense si dérisoires.

Avec son merveilleux talent de conteur l'auteur nous fait vivre la première et la plus belle histoire d'amour de l'humanité. Cet amour, créateur de la famille, qui permettra à l'homme, aidé et guidé par sa compagne, d'affirmer son intelligence et de triompher des embûches de la vie primitive.

***

La réalisation fut, à plusieurs reprises, sur le point de commencer.

Séduit par la splendeur et l'immensité de la forêt canadienne l'auteur décida un moment de situer l'action de son film dans les grandioses Montagnes Rocheuses.

L'enthousiasme des Canadiens fut grand et le président de la Canadian Pacific Railway téléphona à plusieurs reprises à Marcel Pagnol pour lui offrir de mettre à sa disposition les moyens de la puissante Compagnie, mais — sans doute — l'obligation de traverser l'océan fit-elle réfléchir longtemps — trop longtemps — l'auteur de Marius qui montra toute sa vie une certaine crainte, et même une crainte certaine, pour les voyages lointains.

Quelques mois plus tard, des travaux de repérage et de terrassement furent entrepris près de Marseille, des routes furent tracées conduisant au cœur de ses chères collines de La Treille.

Les maîtres Carnavaliers de Nice furent consultés sur les possibilités de maquillage d'animaux vivants en monstres préhistoriques. Des fourrures de tous poils encombrèrent les bureaux de la production.

Enfin des acteurs furent pressentis : Pierre Fresnay pour le personnage du gardien des haches, Gérard Philipe pour le rôle du héros, et Jacqueline Pagnol pour le rôle de la jeune femme.

Mais celle-ci se récusa en estimant qu'elle n'avait plus le physique d'une fille de seize ans (elle était maman de deux enfants ravissants).

Puis, pour des raisons qu'il serait difficile d'énumé-

rer, la réalisation fut remise à plus tard mais jamais abandonnée, car Pagnol porta toujours plus d'intérêt à ses échecs qu'à ses réussites.

Son vieil ami, le grand réalisateur William Wyler, pour l'œuvre duquel il avait une grande admiration, se passionna pour le sujet, et Pagnol rédigea à son intention les quelques notes — malheureusement incomplètes — que le lecteur trouvera plus loin.

Mais William Wyler, constamment sollicité par les grosses Compagnies, n'a pas encore pu se consacrer à la mise au point d'un projet aussi important.

R. PAGNOL

LE PREMIER AMOUR

Le film que vous allez voir est une sorte de conte poétique : il raconte l'invention de l'amour, et la découverte du feu.

Quelle est sa valeur scientifique? Je dois vous dire qu'avant de l'écrire, j'ai lu à peu près tous les livres les plus récents des paléographes les plus célèbres.

Ces savants sont d'accord sur un grand nombre de points essentiels. Mais un point capital demeure obscur : combien d'années se sont-elles passées depuis l'âge de pierre, ou depuis la découverte du feu? Pour l'âge de pierre, X dit : environ 15 000 années, Y dit · Je ne suis pas éloigné de penser que l'âge de pierre est antérieur à l'ère chrétienne d'au moins dix millions d'années. Ce désaccord paraît fort grave : en réalité, il me semble sans importance.

A travers les querelles des savants, une grande vérité se fait jour : cette vérité, la voici.

Il y a des dizaines, et peut-être des centaines de milliers d'années, il y avait déjà sur la terre la race des hommes.

Ces hommes n'étaient pas plus grands que nous : leurs os étaient à peine plus épais que les nôtres. Ils ne connaissaient pas l'usage du feu. Ils n'avaient pas d'autres armes que des branches pointues, et des haches de silex, qu'ils taillaient avec une grande patience... On a retrouvé un grand nombre de ces pauvres armes : il y en a dans tous les musées : je me demande comment un homme aujourd'hui peut les regarder sans pleurer.

Ces hommes vivaient au milieu de bêtes énormes, de bêtes puissamment armées, et ces monstres les traquaient jour et nuit.

Et pourtant, dans ce terrible combat de chaque jour, la race des hommes est sortie victorieuse : votre présence ici, ce soir, devant ces photographies animées en est la preuve éclatante.

Il est d'ailleurs bien étrange de penser que chacun de nous a eu parmi ces tribus des ancêtres en ligne directe; que certains portent encore des noms dont l'origine est très obscure, et qui remontent peut-être à l'époque où les hommes ne connaissaient pas le feu.

Voici le squelette de l'un de ces hommes : il est à Paris, au Muséum. Il est mort en enfonçant ses doigts crispés dans de la boue, et cette boue a eu le temps de devenir de la pierre : on voit qu'ils n'étaient pas plus grands que nous, et que leurs os étaient à peine plus épais que les nôtres.

Ils ont survécu grâce à ces pauvres armes : mais aussi à cause de leur sens social, à cause de l'union fraternelle de tous et de toutes, à cause de la discipline spontanée qui faisait la force de la tribu.

J'ai hésité longtemps avant de faire parler ces hommes et ces femmes. Il est en effet bien conventionnel de montrer des hommes de la préhistoire qui emploient la langue française. Après tout, Shakespeare nous a montré Hamlet, prince danois du XIVe siècle, qui parle en vers anglais du XVIe, et Racine a fait dire par des Romains ou par des Turcs les vers les plus harmonieux de la langue française. Le langage, après tout, n'est qu'une convention : il suffit qu'il transmette au spectateur les...

(texte incomplet)

NOTES SUR L'ATMOSPHÈRE DU FILM

Il faut que règne continuellement une atmosphère de vigilance et d'inquiétude. Il y aura toujours quatre guetteurs aux quatre points cardinaux.

— Il y aura toujours des femmes de garde armées de bâtons pour chasser les rats, autour des enfants endormis.

— Idem auprès des tas de provisions.

— Il faut donner continuellement l'impression de danger et d'incertitude.

Dans la tribu, il y a un quart de mutilés : bras coupés, boiteux. Presque tous les autres sont couverts de cicatrices.

Il y aura constamment des gens qui mangent des fruits ou de la viande sèche.

Tous ont de belles dents, un peu grosses et pointues. Les vieillards ont des dents cassées, mais saines.

Donner l'impression que l'odorat et l'ouïe de ces gens sont aussi fins que ceux des animaux.

Très peu d'hommes gras.

Tous les chants seront à bouches fermées, et commenceront par une haute voix de femme.

Il y aura aussi des voix d'enfants.

Il est indispensable de montrer quelques animaux préhistoriques. Mais il ne faut pas des automates. Il faut des animaux vivants, convenablement truqués et maquillés. Nous doublerons ensuite leurs dimensions en les faisant apparaître dans des maquettes de décors naturels au 1/2.

Par exemple, avec des chevaux, nous pouvons faire des cerfs géants. On leur ajoutera des andouillers, des sabots fendus en caoutchouc, un mufle en caoutchouc, etc.

Avec des vaches, il est possible de faire des aurochs.

Nous pourrons faire des ours avec des hommes dans des peaux d'ours.

Voici ma façon de procéder :

a) *Trouver un vallon étroit, une gorge assez encaissée, mais pas très haute (une vingtaine de mètres de haut, sur 60 ou 80 mètres de long).*

Placer dans cette gorge quelques blocs de formes caractéristiques, des champignons géants, des lianes avec des fleurs énormes. Les débris d'un squelette de mammouth, d'un squelette de tigre à dents de sabre, peut-être d'un ptérodactyle.

b) *Reconstruire cette gorge, en un lieu voisin — pour avoir la même découverte et la même lumière — avec les mêmes détails; mais toutes les dimensions devront être réduites d'environ la moitié.*

Nous nous en servirons de la façon suivante :

1. *Dans la grande gorge paraît la tribu, qui fuit devant un danger... on entend un galop formidable qui s'approche.*

2. *Tout le monde grimpe le long des parois de la gorge, pour laisser passer les bêtes qui arrivent. Plans rapprochés des hommes et des femmes qui s'agrippent à des crevasses ou à des saillants.*

A ce moment, nous passons dans la petite gorge. Nous avons placé, aux mêmes endroits, des nains ou des enfants, qui reproduisent exactement les hommes qui étaient dans la grande gorge. On les voit de dos. On pourra raccorder dans un geste, dans un mouvement.

A ce moment, on verra paraître, au fond de la petite gorge, les animaux (éléphants, revêtus de longs poils, chevaux déguisés en cerfs, vaches transformées en aurochs). Pour le public, les dimensions de ces animaux seront doublées. Un éléphant aura six mètres de haut, une vache 3 mètres. Un homme de 2 mètres dans une peau d'ours aura 4 mètres.

Nous pourrons faire ainsi plusieurs maquettes réelles : l'entrée d'une grotte d'où sortira une bête énorme, etc. Les bêtes ne doivent jamais être absentes, il faut donner sans cesse l'impression qu'elles entourent ces hommes, qu'elles sont une menace permanente et terrible, et réelle.

REPÈRES DANS LE PETIT VALLON

1. *Un squelette de bête*
2. *Les champignons*
3. *Un arbre foudroyé*
4. *Les lianes*
5. *Un bloc de rochers*
6. *Un éboulis*
7. *Les broussailles*
8. *Une crevasse*
9. *Un passage étroit*
10. *Les Hommes*

Au lieu de commencer le film comme je l'ai fait, voici ce qui serait mieux :

1. *Fuite de la tribu devant le feu.*
2. *La tribu passe au fond de la gorge.*
3. *Ruée des animaux (avec les maquettes).*

Si nous réussissons à faire peur au spectateur, nous avons gagné. C'est la prise de vues la plus importante et la plus difficile. Elle nous permettra de présenter d'un seul coup les personnages principaux, et le milieu.

Je suis d'avis que parmi les animaux, nous pourrions mettre quelques reptiles. Ce n'est pas très catholique, puisque les savants affirment qu'à l'époque de l'homme, les reptiles avaient disparu. Mais on peut leur répondre qu'ils n'en savent rien, et qu'on vient de capturer, au Mozambique, cœlacanthe, poisson que l'on croyait disparu depuis plusieurs millions d'années. On pense même que le monstre du Loch Ness est une sorte de plésiosaure.

Un ou deux animaux comme le stegosaurus ou le tyrannosaurus vus de loin, ne feraient pas mal dans le paysage.

Où placer ces bêtes?

1. *Au début du film (ruée).*
2. *Sur leur route, quand ils sont chassés de la tribu.*
3. *Pendant que l'homme et le vieillard des haches descendent vers la tribu.*
4. *A la fin, dans la nuit, devant la grotte de la tribu.*

APPARENCE DES ACTEURS

Il faut qu'ils aient l'air d'une tribu. Grands et bruns, avec si possible un air de famille.

Ils ne sont pas très différents de nous. Je veux dire qu'ils sont ce que nous serions si nous menions cette vie.

VISAGES : *Basanés. Tous ont de très longs cils, comme les bêtes. Sourcils proéminents et fournis. Les cheveux noués au sommet du crâne. Barbes et moustaches. Les vieux ont du poil dans les oreilles. Presque tous ont des canines apparentes.*

CORPS : *Personne n'est gras. Faux ongles en celluloïd. Poil sur les épaules et dans le dos. Des cicatrices.*

Pour les femmes, on pourra faire jouer les vieilles par des hommes. Il faut aussi un grand nombre d'enfants.

NOTE GÉNÉRALE

Ces gens ne parlent pas fort, et ne rient pas beaucoup.

MUSIQUE

Il y a deux sortes de musique dans le film :

1. *Les chants préhistoriques : chœurs à bouche fermée (la Prière du début, la lamentation après la condamnation, le chant de la Mort à la fin).*
2. *La musique qui accompagnera l'action.*

LE PREMIER AMOUR

Je dédie cette œuvre dramatique à Jacqueline Bouvier, ma femme.

Marcel PAGNOL.

PREMIÈRE PARTIE

L'EXIL

AU BORD D'UN LARGE RUISSEAU

C'est une nuit des premiers âges.

Sous la lune, un large ruisseau coule en silence dans une petite gorge. Au loin, un incendie énorme ravage la forêt préhistorique. Le ronflement du Feu emplit tout l'horizon. Soudain, à travers la fumée, des ombres surgissent, dans une course éperdue. Ce sont des hommes, les plus grands et les plus forts de la tribu. Ils ont fui les premiers, parce qu'ils emportent le trésor de la race; ils sont chargés d'enfants, qui se cramponnent à leurs bras, à leur cou, à leur épaisse chevelure.

Ils traversent le ruisseau à gué.

Lorsque ces hommes sont passés, voici la troupe des femmes : plusieurs portent des nourrissons. Elles ont de longs cheveux noirs, elles sont vêtues de peaux de bêtes grossièrement attachées par des lanières de cuir brut. Il passe plus de trente femmes, et voici les hommes. Ils portent à la main le javelot à pointe de silex, à la ceinture la hache de pierre. Eux aussi sont vêtus de peaux d'ours, de loups, de hyènes. Ils fuient en regardant derrière eux, et l'angoisse creuse leur visage.

On entend, dans la nuit, un appel modulé. De tous côtés, des cris lui répondent. Les mâles chargés d'enfants sont arrivés au sommet d'une colline aride, au sol désertique. Les femmes les ont rejoints. Elles étendent sur le sol des peaux de bêtes. Les mâles y déposent des enfants endormis; les plus grands — de cinq à sept ans — sautent à terre et vont se blottir tous ensemble sur la litière de fourrure. Bientôt, ils forment comme un tas de petites bêtes étroitement serrées les unes contre les autres. Ces enfants sont graves et silencieux.

Les femmes se groupent en cercle autour d'eux.

Personne ne parle, les gestes semblent avoir été réglés d'avance. Tous sont noirs de fumée. Plusieurs sont blessés.

Le Chef appelle encore une fois. Encore une fois des cris lui répondent du fond de la nuit. A chaque instant, de nombreux arrivants prennent place; mais aucun ne s'assoit sur le sol. Ils attendent. Enfin, le Chef parle.

LE CHEF

Ici, nous ferons le camp. Le Feu a peur de l'eau, et la rivière nous défend. Faisons le camp pour cette nuit.

Aussitôt chacun prend sa place. Autour du groupe des enfants, les femmes s'assoient en cercle, la face tournée vers eux. Leurs bras embrassent leurs mollets et ramènent leurs cuisses contre leur poitrine. Pour dormir, elles poseront le front sur les genoux. Autour du cercle des femmes, les hommes forment un autre cercle plus grand. Ils prennent la même position, mais leur face est tournée vers l'extérieur, vers le danger. Il y a des vides, çà et là, qui sont comblés par les nouveaux arrivants.

LE CHEF

Où est le Sanglier?

UN HOMME

Il vient avec l'Homme Pâle.

Des ombres surgissent dans la nuit.

LE CHEF

Tous les frères ne sont pas arrivés.

LE SANGLIER, *qui entre dans le camp.*

Il n'arrivera plus personne.

L'HOMME PÂLE

Le Feu en a mangé plusieurs. Plusieurs sont perdus dans la fumée. Peut-être ceux-là reviendront. *(Silence.)*

Le Sanglier est un homme très jeune, mais puissant et velu. L'Homme Pâle, son compagnon, est beaucoup plus petit et plus mince. Il n'a pas de poils, il a des yeux de femme il est physiquement le « raté » de la tribu.

LE CHEF

J'ai choisi cette place pour notre camp, à cause de l'eau qui coule en bas.

LE SANGLIER

Tu as bien choisi.

L'HOMME PÂLE

Si une autre étoile tombe derrière nous, elle n'a pas de forêt à manger.

LE CHEF, *à tous*

Nous partirons au premier soleil. Demain, c'est la course du Printemps. Demain, les filles qui ont mûri cette année s'élanceront vers les collines pour aller nous chercher des enfants. C'est un grand jour : il ne faut pas que les malheurs d'aujourd'hui le rendent triste. Quand nous aurons dormi, nous aurons oublié le Feu. Placez les guetteurs. Formez le camp!

L'Homme Pâle et le Sanglier vont parler à d'autres hommes. Le Chef surveille les mouvements de tous.

LE CHEF

Personne ne sent le danger?

Tous flairent le vent.

UN HOMME

L'odeur du Feu cache toutes les autres.

UNE FILLE

Il y a des lézards volants, en bas, dans une grotte, près du ruisseau... Et puis, j'entends des bêtes qui viennent vers nous. *(Elle était assise sur un rocher. Elle se lève brusquement. Dans un grand silence, elle écoute, elle flaire le vent. C'est une fille blonde et pâle, tandis que les autres sont brunes. Elle a de quinze à seize ans, et ses mouvements sont aussi vifs que ceux des bêtes sauvages.)*

UN HOMME

J'entends aussi. Ce sont des mammouths.

LA FILLE

Ils fuient devant le Feu. Ils vont passer au fond du vallon.

LE CHEF

Ils ne monteront pas ici. Silence! Ne bougez pas!

Tous demeurent immobiles, l'haleine suspendue. On entend s'approcher une rumeur puissante, qui grandit et passe au fond du vallon, avec des barrissements profonds. Les brutes s'éloignent. Le Chef fait le tour du cercle, puis il le traverse et va s'asseoir sur la pierre qui est au centre. Il prend la pose de tous les autres, mais, avant d'incliner son front vers ses genoux, il parle encore une fois.

LE CHEF

Il y a quatre ennemis des hommes : le Froid, la Faim, la Soif et le Feu. Parce que le Feu est le plus terrible, demandons aux étoiles de ne plus tomber dans les forêts.

Une voix de femme s'élève et chante une mélopée suppliante. Toutes les voix la sou-

tiennent, à bouches fermées. Pendant cette prière, on voit la tribu tout entière immobile autour de son Chef. Aux quatre points cardinaux, il y a quatre guetteurs, debout sur des pierres, immobiles, la hache dans une main, le javelot dans l'autre. Au loin, le Feu brûle toujours. Les quatre hommes muets flairent le vent. L'un d'eux est l'Homme Pâle. Il est grave; il est immobile, et il regarde fixement le bord de la nuit qui brûle.

LE LENDEMAIN MATIN

Au flanc d'un vallon, il y a un bouquet d'arbres. A droite, un peu plus haut, dans la falaise de roche bleue, s'ouvre l'entrée d'une grotte.

Devant la grotte, on distingue des femmes. Les unes, qui sont assises, percent des peaux avec des poinçons. D'autres, qui vont et viennent, disposent des fruits sur des claies pour les faire sécher au soleil.

Près du bouquet d'arbres, il y a une sorte d'esplanade à flanc de coteau. Il n'y pousse aucune broussaille parce que c'est le camp des hommes de la tribu dans la journée.

Nous nous approchons. Il y a des hommes assis par terre, qui travaillent gravement. Un vieillard taille des silex, qu'il fait éclater en les frappant l'un contre l'autre. Un autre, avec une lame de silex, affûte un harpon en os. Un autre verse de l'eau sur le bras sanglant d'un blessé. Mais ceux-là sont des vieillards ou des infirmes.

Les jeunes hommes sont debout.

Ils ont autour de leur cou de beaux colliers de coquillages et de dents de fauves, ils sont armés du javelot à pointe de pierre, et de la hache de silex, qui pend à leur ceinture.

Le Chef s'approche de l'esplanade. Il vient de la grotte.

LE CHEF

Les filles sont prêtes. Il faut vous préparer aussi. Quittez vos armes : aujourd'hui, vous n'en aurez pas besoin. Il y a des veilleurs sur chaque colline, tout autour du ciel.

Tous les jeunes hommes jettent aux pieds du Chef le javelot et la hache de pierre, en silence. Puis ils tournent leurs yeux vers la grotte, avec une impatience immobile.

DANS LA GROTTE

Un grand nombre de femmes sont réunies. Il y a, au centre du cercle, le groupe des jeunes filles. Elles sont parées de fleurs sauvages, et les mères finissent de les apprêter. Une très vieille femme, qui s'appuie sur un bâton, a l'air de diriger l'assemblée. Elle est couverte d'épaisses fourrures. On ne voit que ses mains ridées, sa face plissée, ses rares cheveux gris.

LA VIEILLE

Tout le monde est là?

UNE FEMME

Oui, Mère.

UNE FILLE

Il manque la Fille Blonde.

LA MÈRE

Où est-elle? Où est la Fille Blonde?

UNE FEMME

Mère, pardonnez-moi... Elle est en retard...

LA MÈRE

Si ma fille était la dernière aujourd'hui, j'aurais honte. *(La femme baisse les yeux.)* Où est-elle?

La Fille Blonde émerge de l'ombre et s'avance vers la Mère.

LA FILLE

Je suis là.

LA MÈRE

Tu n'as pas de fleurs? Maintenant, tu n'as plus le temps. Tu vas courir comme tu es.

LA FILLE, *elle s'approche, tremblante*

Mère, pardonne-moi... Je ne veux pas courir...

LA MÈRE, *stupéfaite*

Tu ne veux pas?

LA FILLE

Mère, donne-moi encore une saison... Je t'en supplie...

LA FEMME

Voilà la vérité : elle ne veut pas courir avec les autres. Elle en est malade... *(Aux autres femmes.)* Vous savez, c'est encore une enfant...

LA MÈRE

Des enfants, il en faut pour la tribu. Elle fera comme les autres. *(A la fille.)* Mets-toi dans le rang...

LA FILLE

Mère, je t'en supplie... Je ne peux pas... J'aime les enfants, mais les hommes me font peur... Ils sentent mauvais... Mère, encore une saison... *(Toutes les femmes rient.)*

LA MÈRE

C'est vrai que les hommes sentent mauvais : c'est une habitude à prendre... Et puis, la saison prochaine, ils sentiront aussi mauvais. Mets-toi dans le rang...

Elle lève son bâton, menaçante.

LA FILLE

Accorde-moi de partir la première.

UNE FILLE, *loin*

Il faut toujours qu'elle soit la première partout!

LA FILLE

Je veux être la première parce que je vais courir si vite qu'aucun mâle, jamais, ne me rattrapera.

LA MÈRE, *ironique*

C'est ça. Très bien.

UNE FEMME

Tu penses comme ils vont te laisser échapper!

LA MÈRE

Taisez-vous. Qu'elle fasse la course, c'est tout ce qu'il faut. Ce soir, elle aura changé d'idée. Ce soir, comme toutes les autres, elle aura le droit de lier ses cheveux et d'être une femme. Vous êtes prêtes?

Les filles crient, énervées ou joyeuses : Oui! Oui! Oui!

LA MÈRE

Allons, mes filles, allez nous chercher des enfants. Partez!

Au-dehors, un homme qui attendait le signal, souffle dans une corne d'aurochs.

DEVANT LA GROTTE

La Fille Blonde sort la première, suivie d'un flot de jeunes filles qui se dispersent aussitôt Presque toutes se tournent du côté des hommes qui attendent, immobiles, le signal.

La Fille Blonde s'éloigne rapidement vers la droite de la grotte, et elle gravit une pente. Quelques filles la suivent. D'autres sont descendues vers le ruisseau, d'autres vers la gauche. Leur troupe s'éparpille et elles disparaissent l'une après l'autre.

AUPRÈS DES HOMMES

LE TAILLEUR DE PIERRE

Elles courent vite quand elles savent qu'on les regarde... Mais quand tu seras seul avec une fille, au fond d'un vallon, eh bien, elle s'arrête, et elle t'attend... Ça m'est arrivé!

L'HOMME PÂLE

Ça t'est arrivé, mais ça ne t'arrivera plus.

LE TAILLEUR DE PIERRE

Bien sûr que non! D'ailleurs, ça m'est bien égal.

LE CHEF

Personne ne voit plus une seule fille?

LES HOMMES

Non... Non... On ne voit plus rien.

LE CHEF

Alors, allez nous chercher des enfants. Partez! *(Il souffle dans une corne.)*

Les jeunes hommes s'élancent dans toutes les directions, avec une hâte ardente, pendant que le Chef et les vieillards les regardent. L'Homme Pâle s'est approché du tas de haches. Il en prend une et la cache rapidement sous ses peaux. Puis il s'avance, rit et s'élance vers le fond du vallon.

DANS LES COLLINES

On voit un groupe de trois filles qui sont arrêtées et qui regardent, inquiètes, autour d'elles.

UNE FILLE

En voilà un! *(Elle s'enfuit.)*

Une autre fille va la suivre, mais la troisième ne bouge pas.

SECONDE FILLE

Tu ne le vois pas? Il est là!

TROISIÈME FILLE

Moi, j'ai assez couru comme ça. Toi, va-t'en si tu veux. Moi, je l'attends.

La seconde fille fuit sans se presser. Un homme paraît, les yeux brillants, les dents blanches, et s'avance vers la fille.

AU FOND D'UN VALLON

Deux filles passent, légères, poursuivies par deux hommes. Elles se jettent dans des fourrés. Les hommes les suivent. On entend des cris stridents de filles et des rires éclatants de jeunes hommes.

SUR UN PLATEAU

Il y a un bouquet d'arbres. Un homme regarde le sol, flaire des traces, hume le vent. Il est perplexe, il va s'éloigner.

Dans un arbre, il y a une jeune fille immobile, qui le surveille. Lorsqu'elle voit qu'il ne la trouvera plus, elle cueille une pomme de pin et la lance vers le mâle : il est frappé entre les deux épaules.

Il se retourne brusquement, regarde en l'air, se met à

rire et commence à grimper le long de l'arbre vers la fille, qui escalade les branches du haut et lance toujours des pommes de pin.

PLUS LOIN

La Fille Blonde court le long d'une crête. Assez loin derrière elle, voici le puissant jeune homme, le Sanglier. Il est presque hors d'haleine et ne gagne sur elle que très lentement.

La Fille semble épuisée, ses traits sont tirés, ses yeux noirs de terreur.

Au-dessous d'eux, au fond de la gorge, l'Homme Pâle court lui aussi, en se dissimulant par instants. Il regarde anxieusement la Fille. Il porte sa hache à la main.

Soudain, la Fille descend vers le fond de la gorge. L'Homme Pâle se cache. La Fille arrive près de lui, dans un cul-de-sac que termine une haute paroi rocheuse. On entend le pas du Sanglier qui descend par un éboulis. La Fille se blottit sous des lianes. Le poursuivant arrive, s'arrête, flaire le vent. Il va droit à la Fille et se met à rire. Elle s'élance et se dérobe derrière un tronc d'arbre. Le Sanglier rit toujours, il sait qu'elle ne peut lui échapper. Brusquement, il bondit, la saisit par les poignets et la regarde dans les yeux. Mais l'Homme Pâle surgit et s'avance vers le couple. Ses narines palpitent, son regard est dur, il a sa hache à la main.

L'HOMME PÂLE

Ne touche pas la fille.

LE SANGLIER

Pourquoi?

L'HOMME PÂLE

Lâche la fille ou je frappe. *(Il a levé la hache sur son frère. Le Sanglier horrifié le regarde avec stupeur.)*

LE SANGLIER

Tu veux me frapper?

L'HOMME PÂLE

Oui. Je frapperai. Lâche la fille.

LE SANGLIER, *il lâche les poignets de la fille. Elle fuit et disparaît dans un fourré.*

Pourquoi? Elle a couru la course du printemps. Je l'ai rattrapée. Elle est à moi pour aujourd'hui. C'est la Loi.

L'HOMME PÂLE

Je sais. Mais moi je ne veux pas.

LE SANGLIER

Si tu me l'avais dit, je n'aurais même pas essayé. Moi, aujourd'hui, j'ai fait mon travail, rien de plus. Je n'ai pas voulu te faire de mal. Qu'est-ce que tu as?

L'HOMME PÂLE

Je ne sais pas.

LE SANGLIER

Prends-la si tu veux. Moi, ça m'est égal. Il y en a d'autres.

L'HOMME PÂLE

Prends-en une autre. Pas celle-là.

LE SANGLIER

Frère, mon cœur est lourd. Tu as levé la hache sur ton frère. Toi, tu as levé la hache sur moi.

L'HOMME PÂLE, *il soupire profondément et passe la main sur son front.*

Je le sais. J'ai mal, moi aussi.

LE SANGLIER

Il faut que je le dise aux vieillards. C'est la Loi. Il faut que je le dise.

L'HOMME PÂLE

Je sais. Il faut que tu le dises. C'est la Loi.

LE SANGLIER

Tu as fait le crime des crimes. Je dois le dire.

L'HOMME PÂLE

Tu dois le dire. Il faut le dire. Tu le diras.

LE SANGLIER

Tu seras jugé. Je demanderai pitié pour toi. Mais je dois le dire.

L'HOMME PÂLE

C'est la Loi. Mais ne demande pas pitié. Tu n'as pas le droit.

LE SANGLIER

Frère, je te pardonne ta menace. *(Il le baise au front.)* Mais, toi, pardonne-moi le mal que je vais te faire. Je dois obéir à la Loi.

L'HOMME PÂLE

Je sais. *(Il le baise au front.)* Va. Tu es mon frère et mon ami. Va. La Loi commande!

Le Sanglier s'en va, inquiet. L'Homme Pâle le regarde partir, puis se lance sur les traces de la fille. Deux fois il s'arrête et flaire le vent. Il arrive dans une clairière. La Fille est assise au milieu. Elle serre ses genoux avec ses bras. Elle le regarde s'avancer. Quand il est près d'elle, elle ferme les yeux et, sans mot dire, elle s'étend brusquement sur le dos. Il s'approche, il s'agenouille, il la regarde. Elle ouvre les yeux.

L'HOMME PÂLE

Il est parti. Tu es fatiguée?

LA FILLE

Je ne peux plus courir. J'ai peur et je m'étouffe.

L'HOMME PÂLE

N'aie pas peur. Moi, je veux te voir sourire. *(Elle le regarde un instant, puis elle sourit, d'un sourire d'enfant.)*

L'HOMME PÂLE

Merci. Viens avec moi. *(Il se lève, elle le suit.)*

Après un fondu enchaîné, ils sont dans un autre coin du vallon. L'Homme se jette à plat ventre et enfonce sa main sous un rocher. Il en tire d'abord un long collier de fleurs, il le passe au cou de la Fille. Puis une couronne de fleurs. Il la met sur la tête de la Fille. Enfin, il sort une gerbe de fleurs rouges, des fleurs grandes et lourdes, et la met dans les bras de la Fille.

LA FILLE

Jamais je n'ai vu de fleurs pareilles.

L'HOMME PÂLE

Et tu n'en verras jamais plus. Elles poussent là-bas au Pays des Bêtes. C'est le pays où les hommes ne peuvent pas aller. Moi, j'y suis allé Je voulais ces fleurs, pour toi.

LA FILLE

Pourquoi?

L'HOMME PÂLE

Pour te voir sourire.

LA FILLE

Tu parles plus doucement que ma mère.

L'HOMME PÂLE

La mienne me parlait encore plus doucement. Mais elle est morte... Tiens, prends. *(Il ôte de son cou un collier de coquillages et l'attache au cou de la fille.)* Mets ce collier, cache-le sous tes fourrures. C'est mon collier d'homme. Je n'ai pas le droit de te le donner.

LA FILLE

C'est contre la Loi?

L'HOMME PÂLE

Oui.

LA FILLE

Alors, reprends-le.

L'HOMME PÂLE

Non, maintenant, plus rien n'est dangereux pour moi. J'ai commis le crime et je suis perdu. Garde-le. Je te l'ai donné. Maintenant, va-t'en. Retourne chez les femmes. Va-t'en. Mais donne-moi encore un sourire.

Elle fait quelques pas, couronnée de fleurs et chargée de la grande gerbe de fleurs rouges. Puis elle se retourne, elle sourit longuement et s'en va. On la suit un moment. Elle rit. Elle se mire dans une flaque d'eau. Elle rit encore et, soudain, elle devient grave et pensive et regarde longtemps, au fond de la source, un visage qu'elle n'a jamais vu.

PRÈS DE LA CAVERNE

Il y a un groupe d'hommes qui dorment ou qui mangent. Le vieillard taille toujours des silex. Un autre gratte l'écorce d'une branche mince, un autre fixe une pointe à un javelot. Sous le grand arbre, le Chef pensif écoute le Sanglier.

LE SANGLIER

Tu es forcé d'appeler le Conseil?

LE CHEF

C'est la Loi. Il faut d'abord prévenir notre Père, et puis j'appellerai le Conseil. C'est la Loi. *(Il s'en va, soucieux, d'un pas pesant. Le Sanglier, désespéré, le regarde partir.)*

DEVANT LA CAVERNE

Il y a des femmes qui attendent et qui travaillent. Elles grattent des peaux. Elles suspendent au soleil de minces tranches de viande. Elles épluchent des fruits.

La jeune fille paraît soudain : elle descend le sentier qui mène à la grotte.

Elle est toujours chargée de fleurs.

Les femmes la regardent avec une grande curiosité. Certaines se lèvent et vont vers elle.

UNE FEMME

Tu es déjà revenue?

LA JEUNE FILLE

Tu le vois.

UNE AUTRE

Qui t'a donné ces fleurs?

LA FILLE

Un homme.

UNE FEMME

J'en veux une.

LA FILLE

Non. *(Elle s'enfuit, elle entre dans la grotte.)*

UNE FEMME

Il lui a donné des fleurs, mais il court après les autres filles...

UNE FEMME

Elle n'a pas attaché ses cheveux!

UNE AUTRE FEMME

Et elle revient la première! Les hommes ne la veulent pas! Quelle honte pour sa mère!

UNE FEMME

Ce n'est pas la mienne qui reviendra avant la nuit! Ça, j'en suis bien sûre!

UNE FEMME

Regarde! Le Chef s'en va vers la grotte du Père!... Regarde...

On voit en effet le Chef qui gravit un éboulis en haut duquel s'ouvre l'entrée d'une caverne...

UNE AUTRE FEMME

C'est vrai qu'il monte vers le Père... Il a dû se passer quelque chose... Mais quoi?

DANS LA GROTTE

La Mère et la Fille dans un coin éclairé.

LA MÈRE

Voilà un grand malheur qui est tombé sur nous... Tu es toujours fille et tu es la cause d'un crime. Nous ne méritons plus la nourriture, nous sommes des femmes perdues...

LA FILLE

C'est l'Homme Pâle qui a tout fait.

LA MÈRE

Mais pourquoi?

LA FILLE

Je ne sais pas.

LA MÈRE

Il n'avait pas le droit de briser ta vie et la mienne... De quoi se mêle-t-il, cet infirme? Jette ces fleurs, et repars.

LA FILLE

Non. *(La Mère prend un bâton.)* Tu peux me tuer, je n'irai pas.

LA MÈRE

Alors, tu ne comprends pas notre honte? Tu les entends rire, les autres?

LA FILLE

Quelle femme rira, si je lui montre ça? *(Elle écarte les fourrures, elle montre le collier. La Mère recule, frappée d'horreur.)*

LA MÈRE

Le collier d'un homme! Tu l'as volé?

LA FILLE

Il me l'a donné!

LA MÈRE, *elle est prise d'une grande terreur*

Le malheureux! Cache cette chose sous une pierre! Donne, donne... Si quelqu'un voyait ces coquilles... Donne...

LA FILLE

Non! *(Elle serre ses fourrures sur le précieux collier. Elle fuit. Des femmes regardent et s'avancent.)*

UNE FEMME

Qu'est-ce qu'elle cache? Qu'est-ce qu'elle a volé?

Soudain, au-dehors, une corne sonne. Toutes écoutent.

UNE FEMME

La corne appelle le Conseil... *(Elles écoutent encore. La corne sonne toujours.)*

UNE AUTRE FEMME

Il y a un crime dans la tribu.

DANS UN VALLON

La corne sonne au loin.
Un homme sort d'un fourré. Il appelle quelqu'un qu'on ne voit pas.

L'HOMME

Viens. C'est la corne du Conseil. Il faut rentrer.

Une jeune femme ébouriffée sort du fourré. L'homme s'élance le long de la vallée : elle le suit. En d'autres points du paysage, des couples se hâtent vers la corne qui sonne toujours sur un sommet.

LA COLLINE DU CONSEIL

C'est un plateau rocheux, à peine ombragé par des arbres rares que le vent a tordus. Le paysage qui l'entoure est immense et creusé de vallons arides.
Au pied d'un grand rocher qui les abrite du soleil et du vent, les vieillards de la tribu sont assis. Au milieu d'eux, une place est vide.
Le Chef, l'Homme Pâle et le Sanglier sont debout, à la gauche du tribunal. Ils sont en armes.
En face des vieillards, les hommes sont assis en un vaste demi-cercle. De nouveaux arrivants y prennent place à chaque instant.
Derrière les hommes, à une certaine distance, les femmes sont debout.

Un grand silence règne.

Il y a quatre hommes de garde, dressés sur des pierres, aux quatre points cardinaux.

Le Chef parle à l'Homme Pâle.

LE CHEF

Le Père ne sait rien encore. Je lui ai dit seulement que nous avions besoin de la Loi. Il arrive. Je suis malheureux pour toi. Tâche de parler comme il faut parler. Je voudrais te sauver. Si je peux, je ne dirai pas tout.

L'HOMME PÂLE

Il faut tout dire, puisque c'est la Loi.

Soudain, les femmes s'écartent, les hommes se lèvent. Une civière s'avance, portée par une dizaine d'enfants. Elle est faite de branches mortes, liées par des courroies de cuir velu.

Sur la civière un vieillard est à demi couché. Sa barbe et ses cheveux sont blancs et d'une étonnante longueur. Ses sourcils sont énormes. Sa peau est très profondément ridée, comme celle d'un éléphant. Ses dents, très grosses, sont encore parfaitement blanches, sa figure est très maigre, mais ses yeux sont lumineux.

Il est couvert de fourrures d'ours; il est étendu sur la peau d'un énorme lion des cavernes. Un collier de dents de fauves pend à son cou.

Au milieu des vieillards, à la place d'honneur, les petits mâles déposent la civière, puis ils s'assoient autour d'elle, comme pour la garder.

Le vieillard pousse une sorte de cri modulé. La tribu répond par un cri plus long, qui est presque une phrase musicale.

Puis toute la tribu se rassoit, et le Chef s'avance vers le vieillard.

LE CHEF

Père, nous avons troublé ton repos. Mais nous avons besoin de la Loi, et tu es la Loi.

LE VIEILLARD

Un malheur est arrivé?

LE CHEF

Oui, Père.

LE VIEILLARD, *épouvanté*

Un homme a tué son frère?

Toute la tribu crie : Non! Non!

LE VIEILLARD

Merci. *(Il respire profondément et se tourne vers le chef.)* Parle.

LE CHEF

Ce matin, les filles sont parties dans la montagne, pour la course du Printemps.

LE PÈRE

Je sais. J'ai vu de loin. Elles couraient bien. Elles sont belles. C'est une bonne saison. Lorsque viendra le temps des fruits, nous aurons de beaux enfants.

LE CHEF

Je le crois. Mais pendant la course, deux frères se sont querellés. Je crois que c'est à cause d'une fille. *(Il a parlé en baissant la tête, un peu honteux.)*

LE PÈRE, *durement*

Où est cette fille? Apportez-la.

Le Chef s'élance, deux hommes se lèvent. Mais la Fille surgit du groupe des femmes et s'avance audacieusement vers le vieillard.

LA FILLE

Me voici, Père. Tu voulais qu'ils m'apportent comme une bête morte, mais je puis venir sur mes pieds; je suis vivante. *(Elle entrouve son vêtement de peaux de bêtes. Elle en sort deux grandes fleurs qu'elle déplie en les secouant. Elle s'avance et les dépose respectueusement sur les fourrures qui recouvrent le vieillard. Il prend les fleurs, il les regarde avec stupeur.)*

LE PÈRE

D'où viennent ces fleurs?

LA FILLE

Du Pays des Bêtes. Personne ici n'en a jamais vu.

LE PÈRE

Qui te les a données? Un oiseau?

LA FILLE

Non, les oiseaux ne donnent pas de fleurs. Un homme.

LE PÈRE

Quel homme?

L'Homme Pâle s'avance.

L'HOMME PÂLE

C'est moi.

Un murmure dans l'assemblée.

LE PÈRE

Tu es revenu du Pays des Bêtes?

L'HOMME PÂLE

Tu me vois.

Murmures.

UN VIEILLARD

Comment est-il, ce pays?

L'HOMME PÂLE

Plus riche et plus beau que le nôtre. J'ai honte pour les hommes qui vivent pauvrement dans ces pierres, et qui laissent aux bêtes le pays des arbres et des fleurs.

LE PÈRE

Les bêtes sont plus fortes que nous...

UN VIEILLARD

Tu les as vues?

L'HOMME PÂLE

Oui. Elles ne m'ont pas vu. Elles ont un cou si long qu'elles peuvent brouter les arbres.

UN VIEILLARD BOSSU

Est-ce vrai qu'elles sont plus grandes que le mammouth?

L'HOMME PÂLE

Pas plus grandes, mais aussi grandes.

UN VIEILLARD

Tu en as vu beaucoup?

L'HOMME PÂLE

Toute une tribu. Très loin. Et puis, j'ai vu des empreintes énormes d'autres bêtes qui avaient des griffes.

UN AUTRE VIEILLARD

Ces bêtes, tu les as vues?

L'HOMME PÂLE

Non, mais j'ai entendu les rugissements. J'ai eu peur.

LE VIEILLARD BOSSU

Et les fruits? Tu as vu les fruits?

L'HOMME PÂLE

J'en ai vu beaucoup.

LE VIEILLARD BOSSU

On m'a dit qu'au Pays des Bêtes, il y a des fruits qui rendent la jeunesse. Est-ce que c'est vrai, Père?

LE PÈRE

Nos pères le disaient : c'est peut-être vrai.

UN AUTRE VIEILLARD

On dit qu'ils ont la couleur du soleil...

UN VIEILLARD BOSSU

Celui qui mord un de ces fruits, toute sa force lui revient.

LE PÈRE

On le dit...

UN VIEILLARD

Ils sont presque aussi gros que la tête d'un homme... Tu les as vus?

L'HOMME PALE

Je les ai vus. Il y en avait tant que les branches pliaient.

UN VIEILLARD

Ils avaient la couleur du soleil?

L'HOMME PÂLE

Ils avaient la couleur des cheveux de la Fille.

Rires et murmures.

UN VIEILLARD

Tu en as rapporté beaucoup.

L'HOMME PÂLE

Non.

UN VIEILLARD BOSSU

Tu n'en as rapporté qu'un?

L'HOMME PÂLE

Non.

UN VIEILLARD BOSSU

Toi, un enfant de notre race, tu es allé dans le pays d'où personne ne revient, et tu es revenu jusqu'à nous. Tu pouvais rapporter la force et la jeunesse à ceux qui t'ont donné la vie, et tu n'as pas cueilli les fruits?

L'HOMME PÂLE

J'avais les mains pleines de fleurs.

UN VIEILLARD

Mais on ne mange pas les fleurs!

L'HOMME PÂLE

Je ne pensais pas à manger.

LE VIEILLARD

Tu pensais à quoi?

L'HOMME PÂLE

Je pensais à elle, je voulais la voir sourire.

Un long murmure, des éclats de rire.

UN VIEILLARD, *qui ricane*

Il est fou!

UN AUTRE

Il est fou et malhonnête.

LE PÈRE

Tu as risqué ta vie, la vie que nous t'avons donnée, et qui ne t'appartient pas puisqu'elle est à nous, tu as osé risquer ta vie pour apporter des fleurs à une fille?

UN VIEILLARD

Il doit être puni.

UN VIEILLARD

Il le sera.

Une voix de femme crie.

UNE FEMME

Il n'a pas donné que des fleurs!

UNE FEMME

Il a fait un autre crime!

LE PÈRE

Lequel? *(Silence.)* On a parlé d'un autre crime. Lequel? Il faut répondre!

UNE VOIX DE FEMME

Ouvrez les peaux de bêtes de la fille.

UNE AUTRE VOIX

Regardez autour de son cou!

LE CHEF

Pourquoi?

DES FEMMES

Écartez les peaux! Regardez!

LE VIEILLARD, *au Chef*

Ouvre ses fourrures.

Le Chef s'avance vers la Fille. Mais elle saute en arrière.

LA FILLE

Je sais les ouvrir plus vite que toi.

Elle découvre ses épaules. On voit le collier de dents de fauves et de coquilles. Le Chef regarde stupéfait.

LE CHEF

Le collier d'un homme!

L'HOMME PÂLE

C'est le mien.

Un immense murmure indigné. Le Chef s'avance, arrache le collier d'un seul coup et le rapporte au Père de la tribu.

LE PÈRE, *à l'Homme Pâle*

C'est moi qui te l'avais donné, il y a déjà plusieurs saisons... C'était à la fin des grandes chasses. Tu avais été courageux, tu avais été utile aux autres. Alors moi, j'ai dit au Conseil : « C'est vrai qu'il n'est pas comme les autres. Il a l'air d'une femme, il n'a pas de poils... Mais il a servi la tribu, il mérite le collier. »

LE VIEILLARD BOSSU, *sarcastique*

Et moi, j'avais dit : « Il vaut mieux attendre; je sais qu'il a pleuré lorsque sa mère est morte. Il y a des témoins ! »

UN AUTRE VIEILLARD

Il a pleuré !

PREMIER VIEILLARD, *à la tribu*

Est-ce que je mens ?

L'HOMME PÂLE

Tu ne mens pas. Lorsque j'ai vu ma mère froide et dure comme une pierre, j'ai senti que les larmes me sautaient des yeux. J'avais honte, naturellement. Mais je n'ai pas pu retenir cette eau; on ne peut pas arrêter les sources.

UN VIEILLARD

Il n'y a que les femmes qui pleurent.

L'HOMME PÂLE

Je sais. Mais j'étais sorti de son ventre, et elle me parlait quand j'étais petit. Et toujours elle souriait.

Oui, moi, j'ai pleuré quand ma mère est morte, mais je n'ai pas pleuré devant le mammouth ni devant le lion ni devant l'aurochs. J'en connais ici beaucoup qui ont pleuré à l'heure du danger et qui ne sont pas allés au Pays des Bêtes, comme moi. *(A la tribu.)* Qui veut venir au Pays des Bêtes? *(Un silence.)* Je lui montrerai le chemin et je marcherai devant lui.

UN VIEILLARD

Je l'ai vu pleurer sur cette femme morte : ça n'était pas beau. Mais il est allé au Pays des Bêtes, et ça, ce n'est pas ridicule.

UN VIEILLARD

C'est vrai. Mais il a donné son collier.

UN AUTRE VIEILLARD, *à l'Homme Pâle*

Tu as donc renoncé à être un homme?

L'HOMME PÂLE

Je ne crois pas qu'un homme soit un collier. J'ai vu que cette chose morte, qui n'est même pas bonne à manger, lui donnerait un grand plaisir. Moi, je n'avais aucune joie à porter ces coquilles vides, qui brillent et qui font du bruit. Je n'en avais pas de fierté. Elle en a. Tout est bien. Voilà ce que j'ai pensé.

Murmures et huées. Le Chef se tourne vers les vieillards.

LE CHEF

Il parle, mais il ne sait pas ce qu'il dit.

DES VOIX

Il est fou! Il faut le punir!

LE CHEF

Silence! Ce n'est pas vous qui jugez...

LE PÈRE

Ce que tu as fait n'est pas bon, mais tes paroles sont encore plus mauvaises.

L'HOMME PÂLE

Je le crois, Père, parce que tu le dis; mais je ne comprends pas pourquoi.

LE PÈRE

Lorsque nous regardons les animaux, nous voyons bien que les mâles sont toujours plus beaux que les femelles; ce sont eux qui portent les couleurs brillantes; mais les femelles sont ternes et grises. C'est donc la loi de la Terre, et nous devons la suivre fidèlement. Qui a élevé cet enfant?

UN VIEILLARD

C'est moi.

LE PÈRE

Tu ne lui as pas enseigné la Loi?

UN VIEILLARD

J'ai essayé. C'était un poseur de questions, mais il n'écoutait pas les réponses.

LE PÈRE

Si nous permettons à une femelle de porter le collier d'un mâle, toutes les femelles voudront cet honneur. Et alors, qu'arrivera-t-il?

L'HOMME PÂLE

Elles auront un grand plaisir.

LE PÈRE

Certes! Mais parce qu'elles seront plus belles, elles voudront commander. Le jour où les femmes porteront des colliers, elles gouverneront les tribus; et parce que leur esprit est faible et changeant, la race des hommes sera perdue.

Un long murmure d'approbation.

LE PÈRE

Tu as donc commis une faute grave et puisque tu as donné ton collier, tu en seras privé jusqu'à la fin de l'été. *(Aux vieillards.)* Est-ce juste?

LES VIEILLARDS

C'est juste! C'est juste!

Le Chef s'avance, embarrassé.

LE CHEF

Père, ce collier, ce n'est pas le crime : je n'appelle pas le tribunal pour une faute pareille.

LE VIEILLARD

Il y a autre chose?

LE CHEF

Oui.

LE PÈRE

Qu'est-ce donc?

LE CHEF

Ce matin, il a levé la hache sur son frère le Sanglier.

Un grand silence. Le Chef a fait avancer le Sanglier qui baisse la tête.

LE PÈRE

Voilà un grand malheur; voilà, de tous les crimes, le plus cruel...

La tribu gémit.

LE PÈRE, *à l'Homme Pâle*

Approche-toi. Viens ici. *(Il désigne une place auprès de la civière. L'Homme Pâle s'avance et s'agenouille devant le vieillard. Celui-ci passe plusieurs fois sa longue main dans les cheveux du criminel.)* Je te plains, pauvre Homme Pâle. Tu dois bien souffrir, et tu as perdu le repos.

L'HOMME PÂLE

Je le sais.

LE PÈRE

Tu étais malade? Tu avais peut-être dormi trop longtemps au soleil?

L'HOMME PÂLE

Non, Père.

LE PÈRE

Tu n'avais pas vu ton frère, il était caché dans les fougères, tu as cru que c'était une bête?

L'HOMME PÂLE

Non, Père, je l'avais vu.

LE PÈRE, *au Sanglier*

Comment ce malheur est-il arrivé?

LE SANGLIER

Ce matin, je suis parti dans la course du Printemps. J'ai vu par hasard une fille qui courait très vite. Je ne l'avais pas choisie; je sais qu'il est défendu de choisir. Je l'ai poursuivie. Je l'ai rattrapée... Et comme je la prenais dans mes bras, mon frère est venu. Il m'a ordonné de quitter la fille. Et comme je riais, il a levé la hache sur moi.

Un long murmure d'horreur dans toute la tribu.

LE PÈRE

Tu es sûr? Il a levé la hache sur toi? Cette arme que la tribu lui a confiée, la hache, sauvegarde de la vie des hommes, il l'a levée sur un autre homme?

LE SANGLIER

J'ai la bouche amère pour le dire; mais je le dis parce que la Loi commande et qu'il faut obéir à la Loi. Puisque j'ai accompli le devoir, maintenant, donnez-moi ma récompense : pardonnez-lui. Moi, je lui pardonne.

LE PÈRE

Ce n'est pas toi qui juges.

LE SANGLIER

Je sais. Je demande au Conseil de lui pardonner.

LE VIEILLARD

Un homme ne doit pas supplier, comme tu le fais.

LE SANGLIER, *rudement*

Tu sais que ce n'est pas dans ma façon, ou plutôt tu le saurais si l'âge ne t'avait pas mangé la tête. Je n'ai jamais supplié personne, ni un homme ni une bête. Mais devant les vieillards de mon sang, qui m'ont donné la vie et la nourriture de mon enfance et que je suis fier de nourrir aujourd'hui, j'ai le droit de demander une récompense.

LE PÈRE

Tu as parlé comme un homme. Maintenant, tais-toi. C'est la Loi.

Le Sanglier se tait. Il s'écarte et demeure immobile, les bras croisés.

LE PÈRE, *gravement*

Homme Pâle, pourquoi as-tu levé la hache sur ton frère?

L'HOMME PÂLE

Je ne veux pas qu'on la touche.

UN VIEILLARD

Qui donc?

L'HOMME PÂLE

Cette fille qu'il tenait dans ses bras. Je ne veux pas qu'on la touche.

LE VIEILLARD

Pourquoi?

L'HOMME PÂLE

Je ne sais pas...

LE PÈRE

Tu trouves qu'elle est encore trop jeune?

L'HOMME PÂLE

Je ne sais pas. Je ne veux pas qu'on la touche.

La tribu murmure. La Fille éclate de rire, joyeusement.

LE PÈRE, *au Chef*

Si elle rit encore, il faudra la battre.

LE CHEF

Bien.

LE PÈRE

Ainsi, tu lui as apporté les fleurs du Pays des Bêtes, tu lui as donné ton collier, et pour elle tu as levé la hache sur ton frère. Peux-tu nous expliquer tous ces malheurs?

L'HOMME PÂLE

Non, je ne peux rien expliquer, mais je peux dire beaucoup de choses. *(Un silence.)* Un soir, il y a deux saisons, j'étais caché au fond du vallon, près de la source. J'attendais les biches, j'avais ma lance.

LE PÈRE, *aux autres*

Il attendait pour la nourriture de la tribu?

LE CHEF

Oui, il en apporte toujours plus que les autres.

L'HOMME PÂLE

La nuit tombait. Et tout à coup, à travers le bois, une biche vient. Elle vient prudente et légère, elle froisse à peine les feuilles mortes. Et comme j'allais bondir et frapper, c'était cette fille, qui venait à l'eau. Elle s'est penchée sur la source, mais, avant de troubler cette eau en y plongeant le vase d'argile, elle a regardé son image et, plusieurs fois, elle a souri. Et moi, caché, je voyais ce sourire et je tremblais.

UN VIEILLARD

Tu avais peur.

L'HOMME PÂLE

Je ne sais pas. Je tremblais.

La tribu rit. Le Chef fait un signe, tous se taisent.

L'HOMME PÂLE

Ensuite, elle a poussé le vase sous l'eau, puis elle l'a posé sur sa tête et elle est partie, sans faire de bruit, comme une ombre. Je la regardais s'éloigner, et je sentais une grande chaleur dans ma poitrine, j'ai pensé : « Cette fille doit être à moi. »

UN VIEILLARD, *stupéfait*

A toi seul.

L'HOMME PÂLE

A moi seul.

UN VIEILLARD

Mais pourquoi?

L'HOMME PÂLE

Je ne sais pas. Je dis ce qui est arrivé dans mon esprit. Et maintenant, partout j'entends le bruit de cette source, et j'entends cette fille, et je sens son odeur, et maintenant, à cause des yeux de cette fille, je n'ose plus tuer les biches. Et cette fille, je voudrais la mettre dans ma poitrine, comme dans un nid. Alors, cette fille doit être à moi.

LE PÈRE

Pourquoi aurais-tu quelque chose que tes frères n'auraient pas?

UN VIEILLARD

Nous avons par malheur plus de femmes que d'hommes : chacune de ces femmes appartient à nous tous. Pourquoi veux-tu celle-là? Tu les as toutes!

L'HOMME PÂLE

Je veux celle-là pour moi seul, je ne demande pas les autres. Les autres, tuez-les si vous voulez. Mais celle-là, il ne faut pas la toucher.

Les femmes, indignées, murmurent et ricanent. Une grande et forte femme s'avance et crie.

LA FEMME

Vous voyez bien qu'il a la tête fendue! Pauvre Homme Pâle et sans collier, tu crois donc qu'elle est la seule qui puisse donner la vie?

UNE AUTRE FEMME

Elle n'a même pas de hanches!

UNE AUTRE FEMME

Une petite salope qui a la peau fragile comme les enfants!

UNE AUTRE FEMME

Et des seins comme des piqûres de guêpes!

UNE AUTRE FEMME

C'est à celle-là que tu donnes des fleurs?

UNE AUTRE FEMME

Il n'est pas fou : il est aveugle!

LA FILLE

Si les femmes ont le droit de parler, alors je vais parler moi aussi. *(Elle crie.)* Vous n'avez pas eu les fleurs! C'est à moi qu'il les a données! Vous n'avez jamais eu, autour de votre cou plissé, le collier d'un homme...

Sur un signe du vieillard, le Chef s'avance, le bâton levé. Il hurle.

LE CHEF

Silence! Assez!

Silence instantané.

LE PÈRE

Nous ne sommes pas ici pour entendre piailler des femmes. *(A la Fille Blonde.)* Et toi, puisque tu veux parler, tu vas répondre à mes questions. Approche-toi.

La Fille s'avance, peureuse.

LE PÈRE

Qu'as-tu fait à cet homme pour le rendre fou?

LA FILLE

Rien, Père, jamais rien.

UN VIEILLARD

N'as-tu jamais cueilli des herbes sous la lune, en prononçant son nom?

LA FILLE

Je ne sors jamais sous la lune. J'ai trop peur.

UN VIEILLARD

As-tu entendu parler de ces herbes, qui ôtent la raison des hommes?

La mère de la Fille s'est brusquement avancée. Elle crie comme une bête.

LA MÈRE

Ce n'est pas vrai! Elle ne sort pas au clair de lune! Elle dort dans mes bras... Elle n'a rien fait de mal. Elle ne connaît pas le mal. Vous êtes tous assis autour d'elle, vous la regardez comme une bête sauvage. Mais c'est encore une petite fille. Vous voyez bien qu'elle n'est pas comme les autres... Quand elle s'endort, elle rit. Quand elle s'éveille, elle rit... Elle a encore un esprit simple, un esprit d'enfant... Elle devrait être femme aujourd'hui, mais ce n'est pas de sa faute s'il n'y a plus d'hommes dans cette tribu... Elle n'a rien fait, elle n'a pas compris... Ce fou lui a donné les fleurs et le collier : elle les a pris comme des joujoux. Qui est-ce qui ne comprend pas ça? Il n'y a donc personne ici qui parlera pour elle! Il n'y a pas un homme, pas un seul homme pour dire...

Le Père a fait un signe au Chef.

LE CHEF, *aux hommes*

Emportez-la.

Un homme la prend et l'emporte. La Fille s'élance, sauvage.

LA FILLE

Elle est ma mère! Elle a le droit de parler pour moi! *(Elle se jette à genoux devant le Père.)* Qu'on ne lui fasse pas de mal...

LE PÈRE

Ne la battez pas. Lève-toi. Comment as-tu osé porter le collier d'un homme?

LA FILLE

Je l'ai porté, mais je le cachais.

UN VIEILLARD

Tu l'as pris tout de même.

LA FILLE

Une fille ne peut pas refuser un si grand honneur.

UN VIEILLARD

Elle a raison.

UN AUTRE VIEILLARD

Mais si elle ne lui a rien fait, pourquoi est-il fou?

LA FILLE

Vous êtes plus sages que moi. Si vous ne le savez pas, qui le saura?

LE PÈRE

Tu lui parlais souvent?

LA FILLE

Jamais. Moi, je jouais avec les autres filles, et parfois, en passant, il me regardait. Mais je n'avais pas d'amitié pour cet Homme Pâle. Il est faible, il n'a pas de poils, et parfois il rit comme les enfants... Ce matin je l'ai trouvé beau, parce qu'il m'a sauvée.

LE VIEILLARD

Il t'a sauvée de quoi?

LA FILLE

D'un homme. J'ai peur des mâles. Je ne les aime pas.

UN VIEILLARD

Elle a peur des mâles, et lui a peur des femelles. On n'y comprend rien.

UN VIEILLARD

Ce sont deux pauvres enfants malades. Ils ne peuvent servir à rien.

LE PÈRE

Va te cacher derrière le rocher. Nous verrons si tu dois être punie. Va.

La Fille disparaît derrière le rocher qui abrite le tribunal. Le Père se tourne vers l'Homme Pâle.

LE PÈRE

Toi, viens ici. C'est bien pour cette fille que tu as levé la hache sur ton frère?

L'HOMME PÂLE

Oui.

UN VIEILLARD

Il a levé la hache, mais il n'a pas frappé.

UN VIEILLARD

S'il avait emporté la fille, tu aurais frappé?

L'HOMME PÂLE

Oui.

UN AUTRE VIEILLARD

Tu aurais frappé pour tuer?

LE SANGLIER

Il n'aurait pas pu : je suis plus fort que lui.

LE PÈRE, *au Sanglier*

Tais-toi. *(A l'Homme Pâle.)* Tu aurais frappé pour tuer?

L'HOMME PÂLE, *à voix basse*

Oui.

Une grande rumeur.

LE PÈRE

Retourne à ta place, sous les yeux de tous. Nous allons maintenant te juger, et, si tu peux, tu vas te juger toi-même.

Silence. Chacun s'installe mieux à la place qu'il occupe déjà. On tousse. On attend.

LE PÈRE

Homme Pâle, tu as levé la hache sur ton frère. Ce crime est affreux. Mais ce n'est pas ton crime le plus grand. *(Rumeur.)* Ton crime, le voici : tu as dit : « Je veux cette femme pour moi seul; et je ne veux pas d'autre femme. » Tu l'as dit?

L'HOMME PÂLE

Je l'ai dit et je le dis encore.

Une rumeur.

LE PÈRE

Je vais te poser des questions sur des choses que nous t'avons enseignées quand tu étais petit. D'où vient la force de la tribu?

L'HOMME PÂLE, *il récite*

La force de la tribu naît de l'amitié des frères. Les bêtes sont grandes et fortes : mais la tribu est la plus grande et la plus forte de toutes les bêtes.

LE PÈRE

Bien! Bien! Tu ne vois donc pas que cette Loi — la plus ancienne de nos lois — condamne ta folie et en fait un crime?

L'HOMME PÂLE

Non, Père, je ne comprends pas.

LE PÈRE

Il faut que je t'explique, puisque tu vas être condamné. *(Aux autres.)* Il est juste qu'il sache pourquoi.

Murmures d'approbation.

La force de la tribu c'est qu'elle n'a qu'un seul cœur. Et toi, tu veux avoir ton cœur à toi, ton cœur personnel?

L'HOMME PÂLE

Oui.

Rumeur.

LE PÈRE

Toi, tu veux une femme pour toi seul?

L'HOMME PÂLE

Oui.

LE PÈRE

Et tu veux être l'homme de cette seule femme?

L'HOMME PÂLE

Oui.

LE PÈRE

Quel sera le résultat? Tu feras une petite tribu, la tienne. Une tribu de deux personnes qui vivra sur la grande tribu, comme une punaise ou un pou.

L'HOMME PÂLE

Pourquoi?

LE VIEILLARD

Parce que tous les deux, vous profiterez du travail et du courage des autres, mais vous ne leur rendrez pas leur amitié.

L'HOMME PÂLE

Père, tu me connais mal.

LE VIEILLARD

Tu ne te connais pas toi-même. Si cette femme est Ta femme, c'est pour toi qu'elle cachera la meilleure nourriture, comme font les mères pour leurs enfants; et si le danger se présente — et il se présente tous les jours — toi, tu abandonneras les autres pour la protéger, elle seule.

Il se retourne vers les vieillards.

N'ai-je pas raison?

LES VIEILLARDS

Tu as raison!

UN VIEILLARD

Et si cette fille par hasard fait des enfants, ce n'est pas à la tribu qu'elle les donnera. C'est à lui.

UN AUTRE VIEILLARD

Il pourra dire : « Mes enfants. » Et nous aurons peut-être la honte de te voir aussi bête que les femmes, qui croient que leurs enfants sont à elles et qu'ils sont plus beaux que les autres!

UN VIEILLARD

Et cette vanité stupide cause des batailles de mères qui empoisonnent l'existence de la tribu.

LE PÈRE

Ainsi, si nous permettons qu'un seul homme ait une seule femme, nous préparerons l'injustice, et l'unité de notre peuple serait détruite! Le comprends-tu?

L'HOMME PÂLE

Oui, Père, je comprends. Pourtant, le loup n'a qu'une femelle. Et les oiseaux? Pour un nid, il ne faut qu'un mâle et qu'une femelle, qui lui appartient.

LE PÈRE

Oui, mon fils : mais ce sont des bêtes, et ils ne connaissent pas le progrès!

UN VIEILLARD, *à l'Homme Pâle*

Ce qui prouve que tu as tort.

Rumeur satisfaite dans la foule.

LE PÈRE

Écoute encore, et que tout le monde entende! Si nous acceptions cette nouveauté, l'esprit faible des jeunes gens serait peut-être séduit par ta folie. Chacun dirait : « Puisque l'Homme Pâle a une femme, j'en veux une, moi aussi. » Et bientôt la tribu ne sera plus qu'un groupe de tribus très petites, qui seront ennemies : on verra tous les jours des frères lever la hache contre leurs frères, comme tu l'as fait ce matin.

L'HOMME PÂLE, *frappé*

C'est vrai.

LE PÈRE

Les hommes se battront comme des mères, et personne n'aura la force de les calmer à coups de bâton. Ces batailles et ces querelles amèneront la fin de notre peuple, et chaque couple partira de son côté. Alors, comment pourront-ils vivre?

UN VIEILLARD

Comment feront-ils la chasse au mammouth, qui tue toujours plus de dix hommes avant de nous donner sa viande?

L'HOMME PÂLE

Tu as raison.

UN VIEILLARD

Comment cerner les troupes de chevaux qui nous voient venir du fond des plaines?

L'HOMME PÂLE

Tu as raison.

UN VIEILLARD

Comment faire la grande pêche quand il faut barrer la rivière avec tous les pieds et toutes les mains de la tribu?

L'HOMME PÂLE

Tu as raison.

UNE VIEILLE FEMME

Qui veillera la nuit pour chasser les rats des cavernes, qui nous ont mangé tant d'enfants?

L'HOMME PÂLE

Mère, tu as raison.

LE CHEF

Et quand ces malheureux rencontreront les bêtes, que feront-ils?

LE PÈRE

Nous, quand les bêtes nous surprennent, beaucoup des nôtres sacrifient leur vie pendant que la tribu s'enfuit vers les cavernes : les meilleurs d'entre nous périssent, mais notre race ne meurt pas... Si nous laissons se répandre ta folie, dans notre combat de chaque jour la race des hommes sera vaincue. Il ne restera sur la Terre que les bêtes, les arbres, les pierres, les étoiles et le silence. As-tu compris ton crime?

L'HOMME PÂLE

Oui, Père, je comprends maintenant. Je vois ce que tu dis.

UN VIEILLARD, *il est très grand,*
c'est une ancienne grande brute,
il est couvert de poils drus jusque sur ses mains.

Si la Loi le permet, je veux parler pour lui.

LE PÈRE

Tu peux parler.

LE VIEILLARD

Il a fait un crime, c'est vrai. Mais, moi je le regarde et je vois qu'il est comme les femmes; il n'a pas de poils sur le visage ni sur le corps; et puis, il a des os trop petits, il est faible, il n'est guère plus grand qu'un enfant, il a une grosse tête comme les enfants. Alors, je dis qu'il ne faut pas le punir comme un homme, parce que ce n'est pas vraiment un homme. Voilà mon idée.

Il se rassoit. Quelques approbations, puis un autre vieillard se lève.

UN VIEILLARD

Je trouve que notre frère l'Aurochs a bien parlé. Il est peut-être possible de garder dans la tribu notre frère malheureux. Mais il doit nous promettre de ne jamais recommencer.

LE PÈRE

Il va d'abord faire cette promesse. *(A l'Homme Pâle.)* Le Conseil t'écoute : parle.

L'HOMME PÂLE

Père, je ne peux pas promettre. *(Une immense rumeur indignée.)* Frères, le mal est au fond de moi. Cette fille, je ne veux pas qu'on la touche, et j'ai mal quand on la regarde. Si un homme la regarde, j'ai envie de le tuer. *(Une clameur s'élève.)* J'ai peut-être mangé des fruits empoisonnés, j'ai peut-être bu de l'eau mauvaise. Mais je ne peux plus me commander : alors je ne puis rien promettre, parce que je mentirais.

Un silence.

LE PÈRE

Alors, nous devons te juger, et chacun va parler à son tour.

Il fait un signe. Les vieillards vont se lever l'un après l'autre pour donner leur avis.

PREMIER VIEILLARD

D'après tout ce que j'ai entendu, cet homme, maintenant, ne peut plus servir la tribu. Un homme inutile, c'est une viande pourrie. Une viande pourrie, on la jette.

Rumeur d'approbation. Le vieillard se rassoit.

DEUXIÈME VIEILLARD

Moi, je dis que cet homme est malade et qu'il ne pourra jamais guérir. Il ne faut pas avoir de la haine contre lui; mais parce qu'il est dangereux, il ne doit pas rester dans la tribu.

Rumeur. Il se rassoit.

TROISIÈME VIEILLARD

Moi aussi, j'ai pitié de lui. Mais il ne mérite pas la nourriture que la tribu lui a donnée. Il est la faiblesse et le désordre. Qu'il soit chassé!

QUATRIÈME VIEILLARD

Je ne sais pas pourquoi il y a ici des gens qui parlent de pitié. Vous n'avez pas entendu ce qu'il nous a dit? Était-ce un homme qui parlait, ou bien une femme en chaleur? Qu'est-ce que c'est que ces histoires, où il mélange le bruit des sources, l'odeur de la fille et les yeux des biches? Les biches, c'est fait pour être mangé, et ce fou doit être chassé...

CINQUIÈME VIEILLARD BOSSU

S'il avait apporté les fruits de jeunesse, on pourrait s'entendre; puisqu'il n'a rapporté que des fleurs, il doit quitter la tribu; mais avant son départ, pour servir d'exemple, il faut lui donner des coups de bâton.

SIXIÈME VIEILLARD

Tout le monde a parlé si longtemps que je ne sais plus ce qu'on a dit. En tout cas, il a levé la hache sur son frère : il doit être chassé de notre pays. Il n'y a rien d'autre à dire.

Il se rassoit. Un grand silence.

LE PÈRE

Et moi aussi, je pense que tu dois nous quitter, mais je le pense sans colère et sans haine, et ceux qui ont parlé de coups de bâton mériteraient d'en recevoir. Pour moi, je sais que tu dois être puni et que ton malheur est grand, mais le nôtre ne l'est pas moins. Nous perdons un frère qui avait grandi parmi nous : c'est la Loi qui l'ordonne, la Loi et la vie même de la tribu. Il faut donc que je prononce les paroles de condamnation.

Un grand silence.

LE PÈRE

Enfants, aidez-moi.

Péniblement, il quitte la civière et se dresse, appuyé sur les enfants. La tribu commence à murmurer un chœur tragique.

LE PÈRE

Jette sur le sol cette lance que la tribu t'avait donnée.

L'Homme Pâle jette sa lance sur le sol. Le chœur chante plus fort.

LE PÈRE

Jette sur le sol cette hache que la tribu t'avait donnée.

Il jette la hache aux pieds du Père.

LE PÈRE

Qu'une dernière fois notre mère à tous lui donne à boire l'eau de la source natale.

Une très vieille femme s'avance. Dans une écorce de courge, elle lui offre de l'eau. Il boit gravement.

LE PÈRE

Et maintenant, toi qui n'as plus de frères, tu partiras vers le soleil couchant, sans eau, sans nourriture, sans armes. Tu seras seul. Tu n'entendras plus rien que le bruit de tes pas, la voix du vent, le cri des bêtes et tu ne seras plus un homme, parce que tu n'auras plus de tribu. Et si tu reviens un jour vers nous, la Loi commande que tu sois tué à coups de pierres.

Voilà notre jugement.

Le chœur murmure, le Sanglier gémit.

L'HOMME PÂLE

Que personne ici n'ait de peine ni de regret : en me perdant, la tribu ne perd rien, qu'une grande amitié inutile. Adieu, mes frères, adieu, mes sœurs. Adieu pour la Fille Blonde : je ne la vois pas, mais elle m'entend. Ne lui faites pas de mal. Ce n'est pas elle qui a commis la faute : c'est moi seul, et je suis puni. J'accepte le jugement, et je pars.

Il tourne le dos et il s'en va lentement. La tribu entière chante la mélopée funèbre. Soudain, derrière un bloc, la Fille Blonde surgit. Elle regarde toute la tribu, puis elle s'élance comme une biche sur les traces du proscrit.

LE CHEF

Faut-il la ramener?

LE PÈRE

La Loi ne parle pas des femmes. Et puis, tout le mal est peut-être en elle.

UN VIEILLARD

Si elle veut mourir, c'est parce qu'elle le mérite.

A cinquante mètres de la tribu, l'Homme Pâle s'est arrêté. Il regarde la Fille qui vient vers lui.

L'HOMME PÂLE

Toi aussi, ils t'ont chassée?

LA FILLE

Non. Je suis partie.

L'HOMME PÂLE

Où vas-tu?

LA FILLE

Avec toi.

L'HOMME PÂLE

Tu vas avoir faim, tu vas avoir peur.

LA FILLE

Avec toi.

L'HOMME PÂLE

Tu vas peut-être mourir...

LA FILLE

Avec toi. Veux-tu encore un sourire? *(Elle sourit gravement.)*

L'HOMME PÂLE

Viens! *(Il veut l'entraîner, elle résiste.)*

LA FILLE

Attends.

Soudain, elle bondit sur une grosse pierre et se tourne vers la tribu qui chante toujours le chant funèbre. Elle éclate de rire et, les bras levés, elle chante une phrase stridente de jeunesse et de défi. Puis elle saute à terre, rejoint l'homme, lui prend la main, lui baise la main. Puis, comme Adam et Ève chassés du Paradis Terrestre, ils s'en vont vers la solitude.

DEUXIÈME PARTIE

LE FEU

DANS UNE FORÊT, LE MATIN

L'Homme saute des basses branches d'un arbre énorme. La Fille saute après lui.

L'HOMME

Tu es fatiguée?

LA FILLE

Non.

L'HOMME

Si tu es fatiguée, attends-moi dans cet arbre. J'irai chercher de l'eau et des fruits.

LA FILLE

Non. Je vais avec toi. C'est encore loin?

L'HOMME

Nous arriverons avant la nuit.

LA FILLE

Partons. La forêt me fait peur. *(Elle désigne la trouée qu'ils vont suivre.)* C'est un passage de bêtes?

L'HOMME

Oui. *(Il flaire le vent.)* Elles sont très loin, par là-bas.

LA FILLE, *elle flaire le vent*

Elles étaient quatre, cette nuit. Ne fais pas de bruit.

Il s'élance, elle le suit.

DANS UNE AUTRE FORÊT

L'Homme et la Fille trottent légèrement.

Soudain, la Fille qui est la première s'arrête. Elle fait un signe à l'Homme et elle bondit dans un arbre énorme. L'Homme la suit. Ils grimpent dans les hautes branches. Ils se blottissent dans une fourche, ils attendent.

Une troupe de cinq ou six mammouths paraît. Ils marchent en file indienne, avec une grande majesté. Ils passent. L'Homme et la Fille, sautant d'un arbre à l'autre, poursuivent leur route.

Ils arrivent au pied d'une petite falaise de roches bleues. L'Homme montre un trou dans une paroi, en haut d'une pente.

L'HOMME

C'est là.

Ils montent tous deux jusqu'à l'entrée de la caverne. L'Homme entre. Elle attend. Il ressort, il lui fait signe. Elle entre.

DANS LA CAVERNE

C'est une grotte naturelle qui a été visiblement aménagée. Les trous sont bouchés avec de grosses pierres. Deux fentes laissent passer le jour. Au fond, dans un creux fait par la main de l'Homme, de l'eau tombe en mince filet le long du rocher verdi. Dans un coin, des peaux d'ours. Sur une claie, il y a des fruits. Dès son entrée, la Fille se jette à plat ventre et boit longuement. L'Homme boit à son tour. Quand il a fini, la Fille s'est assise sur une peau d'ours et elle mange des fruits. Il vient s'asseoir devant elle, et il prend des fruits à son tour. Tout en mangeant, la Fille regarde curieusement autour d'elle.

LA FILLE

C'est toi qui as tout préparé?

L'HOMME

Oui, c'est moi. J'ai découvert ce trou un jour, pendant la chasse. D'abord, j'ai agrandi ces deux fentes, là-haut, pour laisser passer la lumière et l'air. Et puis, l'entrée était trop large. J'ai apporté ces pierres pour qu'elle soit plus étroite : les bêtes n'y passeront plus. Puis j'ai bouché tous les trous, tous ceux des rats et des serpents. Je les ai bouchés très profondément avec des pierres et, sur les pierres, j'ai tassé de l'argile. Et puis, surtout, il y avait cette eau qui coulait et qui s'enfuyait sous la terre... J'ai creusé ce trou, je l'ai tout revêtu d'argile pressée, et maintenant la source est prise au piège... Regarde.

LA FILLE

Tu as mis longtemps pour faire tant de choses?

L'HOMME

Presque deux saisons... Lorsque je partais pour la chasse, dès que j'avais tué ma bête je venais ici travailler.

LA FILLE

Tu n'en as parlé à personne?

L'HOMME

Non. J'aimais ce travail... Mais il fallait venir, puis retourner à la tribu... Jamais je n'ai pu rester ici un jour entier... Mais cet abri, j'y travaillais, même quand j'étais là-bas au milieu des autres.

LA FILLE

Comment faisais-tu?

L'HOMME

Dans ma tête. Et puis, je ramassais les vieux outils que l'on jetait et je les portais jusqu'ici. Ils sont là.

Il montre une cachette bouchée par une pierre. Il en sort des outils sans manche ou ébréchés. Il étale ces trésors.

LA FILLE

Tu n'as pas une vraie hache.

L'HOMME

Je sais où il y en a. Je t'expliquerai plus tard.

LA FILLE

Comment t'est venue cette idée de faire un abri?

L'HOMME, *timide*

C'est le jour où je t'ai vue à la source...

LA FILLE

Il y a donc deux saisons que tu m'as vue à la source?

L'HOMME

Oui. C'était le cinquième jour de la lune rouge d'hiver.

LA FILLE

Tu t'en souviens encore?

L'HOMME

Oui. J'y ai pensé chaque jour et chaque nuit. Et chaque fois que je te voyais, j'avais envie de faire cet abri. Pour toi.

LA FILLE

Tu voulais m'emporter et me cacher ici?

L'HOMME

Chaque fois que je dormais, dans mes rêves, je t'emportais. Mais je ne croyais pas que cette chose défendue pourrait arriver un jour. Et c'est arrivé.

LA FILLE

Tu as peut-être fait des prières magiques?

L'HOMME

Non, je ne les connais pas.

LA FILLE

Y a-t-il quelque chose que tu ne connaisses pas?

L'HOMME

Oh oui! Il y a tant de choses sous les étoiles! Tu ne regrettes pas de m'avoir suivi?

LA FILLE

Non. Mais, dis-moi pourquoi tu as eu cette idée de me choisir?

L'HOMME

Je ne sais pas.

LA FILLE

Pourquoi ne me parlais-tu jamais?

L'HOMME

Parce qu'il y avait tous les autres. Et puis j'avais peur de perdre ma voix. Quand je te regardais, je ne savais plus rien. A quoi penses-tu?

LA FILLE

Depuis un moment, j'ai un grand désir... *(Elle baisse les yeux.)* Je voudrais toucher ta figure.

L'HOMME, *il sourit*

Pourquoi?

LA FILLE

C'est une idée. Souvent, quand tu passais près de moi, je te regardais. Je trouvais que tu étais faible, que tu avais la peau comme les filles. Et souvent, la nuit, j'ai rêvé que je touchais ta figure avec mes mains. Je l'ai même dit à ma mère. Elle a dit que c'était mal, parce que les femmes n'ont pas le droit de toucher la figure des hommes.

Tout en parlant, elle s'est rapprochée de lui.

L'HOMME

Ici, plus rien n'est défendu. Tu peux faire tout ce qui te plaît.

Elle lui caresse timidement le visage.

LA FILLE

Tu as des yeux comme les biches, et pourtant ils me font peur.

L'HOMME

Je ne veux pas que tu aies peur de moi. Je ne te battrai jamais.

LA FILLE, *charmée*

C'est vrai?

L'HOMME

C'est vrai.

LA FILLE

Mais pour jouer, tu me battras?

L'HOMME

Pour jouer, oui. Jamais pour te faire du mal. Alors, tu me voyais dans tes rêves?

LA FILLE

Oui.

L'HOMME

Pourquoi as-tu dit aux vieillards que je te déplaisais?

LA FILLE

Les vieillards sont des ennemis. Il faut toujours mentir aux vieillards. Si on leur dit la vérité, ils vous battent. Ils sont méchants, parce qu'ils vont mourir.

L'HOMME

Alors, tu as menti quand tu as dit : « Je n'aimais pas cet Homme Pâle parce qu'il rit comme les enfants. » Tu l'as dit. Je l'ai entendu, et j'ai senti une grande peine.

LA FILLE

Il n'y a que des vieillards qui puissent croire cette réponse. C'est parce que tu ris comme les enfants que je t'ai suivi. Et puis, j'avais envie de toucher ta figure.

Elle caresse longuement son visage. Soudain, un rugissement énorme éclate dans la vallée. L'Homme bondit sur ses pieds. Il saisit sa lance. Il se glisse dans l'étroite ouverture.

On entend une lourde galopade, des pierres s'écroulent, de longs beuglements retentissent. L'Homme revient.

L'HOMME

C'est le lion de la vallée. Je le connais. Il chasse... Il poursuit les aurochs...

LA FILLE

Le lion n'est pas seul... Il y a aussi une bête... Je la sens.

Ils ne bougent pas. La Fille flaire l'air du soir. On entend tout à coup un cri pareil à un ronflement furieux.

LA FILLE

C'est la bête.

L'HOMME

Oui, c'est elle. C'est une chance. Elle tuera beaucoup d'aurochs et elle en laissera pour nous.

LA FILLE

Elle ne va pas rester ici?

L'HOMME

Non. Elles ne sortent que le soir. Le jour, elles retournent dormir au Pays des Bêtes... N'aie pas peur... Tous ces ennemis que tu entends, ils sont trop gros pour entrer ici.

LA FILLE

Pousse la pierre devant l'entrée : j'ai peur des rats et des serpents. Je veux t'aider.

Ils mettent la pierre en place. Puis elle étend les peaux de bêtes, et s'allonge, appuyée sur son coude. Pendant toute la scène, on entendra des cris de bêtes égorgées, des hurlements de meurtres, des clameurs désespérées.

LA FILLE

Assieds-toi dans le rayon de lune. Je veux te voir.

L'HOMME

Toi aussi, je veux te voir. Viens ici.

Elle se rapproche de lui.

LA FILLE

J'ai froid.

L'HOMME

Viens plus près.

Il est assis sur une pierre, elle vient s'asseoir entre ses jambes, il entoure de ses bras les épaules de la Fille.

LA FILLE

Parle-moi.

L'HOMME

Il y a une chose que tu as faite et qui m'a donné du chagrin.

LA FILLE

Quand?

L'HOMME

A la saison du soleil, il y avait toutes les filles qui nageaient dans la rivière. Je chassais. J'ai entendu rire. Je me suis approché pour te voir.

LA FILLE

Je sais.

L'HOMME

Comment, tu sais? Tu saïs ce que je vais te dire?

LA FILLE

Je le sais. Tu t'es approché de la rive, ton visage est sorti des roseaux. Je t'ai vu.

L'HOMME

Tu m'as vu, et tu as plongé. Et tu es allée te cacher dans les roseaux de l'autre rive. Pourquoi?

LA FILLE

Parce que j'étais nue.

L'HOMME

Tu étais nue comme les autres. Tu étais nue pour nager dans l'eau, comme tout le monde. Je ne comprends pas.

LA FILLE

Moi non plus. Tout le monde m'a vue nue dans la tribu. Mais toi, je ne voulais pas.

L'HOMME

Pourquoi?

LA FILLE

Je ne sais pas.

L'HOMME

Je n'étais pas ton frère et ton ami autant que les autres?

LA FILLE

Tu n'es pas mon frère, tu n'es pas mon ami. Tu es toi. Quand j'ai vu que tu me voyais, j'ai eu très chaud dans la figure, et j'ai plongé. C'est une idée de fille, une idée sans raison. Il ne faut pas m'en vouloir.

L'HOMME

J'ai eu du chagrin.

LA FILLE

Je ne voulais pas t'en faire. C'est une idée de fille. Pardonne-moi.

L'HOMME

Maintenant, je te pardonne tout. *(On entend au-dehors un rugissement, un ronflement énorme lui répond.)* Je pense que la bête va nous délivrer du lion. *(Un temps.)* Il semble que la bataille est commencée. Lorsque le Sanglier t'a poursuivie, tu ne lui avais pas fait de signe?

LA FILLE

Oh non! J'ai trop peur des hommes... Et lui, surtout, il est effrayant. Il a l'odeur humide et forte, et il est couvert de poils durs...

L'HOMME, *il montre son bras nu*

Moi, je n'en ai presque pas. Les autres se moquaient de moi...

LA FILLE

Toi, tu n'as rien comme les autres. Tu ne ressembles à personne. Tu es toi. Et puis, ce que tu as fait pour moi! Tous ces vieillards, ils ne comprenaient pas.

L'HOMME

Moi non plus, je ne comprends pas ce que j'ai fait.

LA FILLE

Tu ne comprends pas, mais tu l'as fait. Il ne faut pas toujours comprendre... Moi, je suis heureuse.

L'HOMME

C'est vrai.

LA FILLE

Oui, c'est vrai. Tu me parles, tu me réchauffes, tu me permets de te toucher... C'est comme dans mes rêves. *(Les bêtes hurlent au-dehors.)* Les autres femmes ne te serviront pas. C'est moi seule qui te servirai... Je vais te dire une chose folle : tu ne me battras pas?

L'HOMME

Je te l'ai promis.

LA FILLE

Écoute. *(A voix très basse.)* Il me semble que tu es à moi.

L'HOMME

Tu veux me commander?

LA FILLE

Oh non! je veux t'obéir. Mais il me semble que tu es à moi, parce que tu ne commanderas qu'à moi, tu ne protégeras que moi, tu ne nourriras que moi... C'est bien vrai, au moins?

L'HOMME

Oui, c'est vrai.

LA FILLE

Cette folie qui t'a pris pour moi, ça ne va pas recommencer pour une autre? Tu ne vas pas aller chercher une autre fille dans la tribu? Tu sais, je les connais, il y en a qui viendraient... Tu n'iras pas les chercher? Si un jour tu parles à une autre fille, moi je la tue avec mes ongles et mes dents.

L'HOMME, *il rit*

Tu es comme le tigre des forêts. Rentre tes griffes : je ne vois que toi. Je ne veux que toi seule... Mais toi, tu ne vas pas t'ennuyer près de moi? Tu ne regretteras pas les autres?

LA FILLE

Oh non... je suis heureuse d'être si loin d'eux...

Un hurlement affreux déchire la nuit.

L'HOMME

S'ils viennent te chercher, tu ne les suivras pas?

LA FILLE

Pourquoi viendraient-ils? Il y a trop de filles dans la tribu. Et puis s'ils venaient, je me cacherais. Je sais me cacher.

Des cris de bêtes, puis un long hurlement d'agonie. Ils semblent ne rien entendre.

LA FILLE

Tu me permettras de dormir contre toi? J'ai si froid...

L'HOMME

Viens dormir maintenant.

LA FILLE

J'ai préparé les peaux de bêtes. Là, dans ce coin. *(Il la prend dans ses bras, et la porte vers les peaux. Pendant qu'il la dépose, elle reste accrochée à son cou, et elle murmure :* Je n'ai pas peur... Je n'ai pas peur.)

Il l'étend sur les peaux de bêtes. Il s'étend près d'elle. Il la regarde.

LA FILLE

Je sais chanter. Veux-tu que je chante pour toi!

Il sourit. Elle chante une chanson d'oiseau. Il la regarde, émerveillé. Au-dehors, les bêtes hurlent férocement. Puis brusquement il arrête la chanson d'un baiser.

DANS LA GROTTE DE LA TRIBU

La tribu dort. On entend, de temps à autre, des cris d'enfants. Dans un coin, sous un rayon de lune, les jeunes filles chuchotent.

PREMIÈRE FILLE

Elle a toujours été prétentieuse et vaniteuse... Elle croyait qu'elle était plus que les autres.

SECONDE FILLE

C'était peut-être vrai.

TROISIÈME FILLE

Tu es folle, ma pauvre fille. Elle était comme nous, rien de plus.

LA SECONDE

Alors, pourquoi a-t-il dit : « Je ne veux qu'elle, je ne veux pas les autres »?

LA PREMIÈRE

Parce qu'il est fou. Tu n'as pas entendu les paroles du Père?

LA SECONDE

Le Père est un vieillard, moi je suis une fille... Elle a eu le courage de le suivre... Je voudrais bien être à sa place.

LA TROISIÈME

Pourquoi? Tu n'aurais qu'un homme. Ici, tu les as tous.

LA PREMIÈRE

Et puis, maintenant, elle est peut-être morte!

LA SECONDE

Oh non! L'Homme Pâle connaît tous les secrets... Il doit être une mère pour elle. Elle doit dormir contre lui...

LA PREMIÈRE

Dormir contre un homme? Tu crois qu'il le lui permettrait?

LA SECONDE

Oh oui... Moi, je m'imagine que si un homme et une femme...

Soudain, un gros morceau de bois vient frapper le rocher au-dessus de la tête des filles et l'on entend la voix du Chef.

LA VOIX

C'est fini, là-bas? Si j'entends encore un murmure, il y aura des coups de bâton demain matin...

Les filles se cachent sous les peaux, après avoir fait diverses grimaces à l'adresse du Chef. Silence.

DEVANT LA PETITE GROTTE

Le jour se lève. L'Homme sort le premier, flaire le vent, et regarde longuement autour de lui. Puis il appelle sa compagne, qui sort à son tour.

Ils descendent la pente. L'Homme semble chercher quelque chose, regarde le sol. Soudain, il s'arrête. La fille s'approche.

L'HOMME

Regarde... Les empreintes de la bête...

Sur le sol humide, une profonde empreinte de plus d'un mètre de long, au bout de laquelle des griffes énormes ont labouré le sol.

LA FILLE

Quelle odeur terrible!

L'HOMME

Si tu la voyais marcher, tu mourrais de peur, parfois elle marche debout comme nous : elle est aussi haute qu'un arbre...

Il suit les traces en courant. La Fille le suit à quelques pas. Il s'arrête, il crie.

Viens voir!

Dans la clairière, les restes de plusieurs aurochs massacrés.

L'HOMME

Elle nous a laissé de la viande pour deux lunes!

LA FILLE

Je la ferai sécher au soleil... C'était mon travail...

L'HOMME

Viens.

Ils font quelques pas. Puis l'Homme s'arrête. Devant lui, le cadavre horriblement broyé d'un lion géant. La gueule ouverte laisse voir les crocs.

LA FILLE

Le beau collier! Puisqu'ils t'ont pris le tien, je ferai celui-là pour toi... Regarde!

L'HOMME

Viens... Il faut d'abord aller chercher la hache.

LA FILLE

Où crois-tu la trouver?

L'HOMME

Dans la forêt rouge.

LA FILLE

Tu as caché une hache dans cette forêt?

L'HOMME

Non. Tu verras : elles poussent dans les arbres...

LA FILLE, *elle a peur*

Alors, c'est la forêt magique?

L'HOMME

Oui, c'est la forêt magique.

LA FILLE

Tu sais bien qu'il est défendu d'y entrer... Il n'y a que les vieillards qui ont le droit...

L'HOMME

J'y suis allé déjà plusieurs fois... Viens... Tu m'as dit qu'avec moi tu n'avais peur de rien. Viens.

Ils s'éloignent en courant.

DANS LA FORÊT DES HACHES

L'Homme s'arrête soudain. Sa compagne le rejoint.

L'HOMME

Tu n'as rien remarqué?

LA FILLE

J'ai entendu passer un grand serpent... En bas, dans le fond du vallon...

L'HOMME

Je sais. Mais tu n'as rien vu?

LA FILLE

Et quoi?

L'HOMME

Regarde.

Il lui montre du doigt un silex taillé, encastré entre deux branches qui sont rapprochées par un lien de cuir fortement serré.

L'HOMME

Voilà comment, avec un silex taillé, on fait une hache...

LA FILLE

Mais comment ces pierres sont venues dans ces branches?

L'HOMME

C'est un homme qui les place entre deux jeunes branches, et puis il les rapproche au-dessus de la pierre... A mesure qu'elles poussent, les deux branches n'en font plus qu'une seule, et la hache est toute prête, il n'y a plus qu'à la couper.

LA FILLE

C'est un grand secret. Qui te l'a donné?

L'HOMME

Celui qui surveille cette forêt...

LA FILLE

Mais alors, au printemps, quand le sorcier s'en va avec le Chef dans la montagne, avec tant de silex taillés, et qu'ils reviennent avec des haches...

L'HOMME

Ils viennent les chercher ici.

LA FILLE

Ils disent qu'ils les font par magie.

L'HOMME

Ils le disent, et tout le monde les croit... Mais moi, je sais bien que ce n'est pas vrai.

LA FILLE, *fière*

Et maintenant, je le sais aussi. *(Elle bondit en arrière.)* Attention... Je sens un homme...

L'HOMME

C'est peut-être celui que je cherche.

LA FILLE, *elle flaire le vent*

Il est très vieux.

L'Homme écoute, puis il lance un appel modulé. Un autre appel, timide et prudent, lui répond. L'Homme cache son javelot dans une broussaille

L'HOMME

Il ne faut pas montrer que nous avons des armes : il ne voudrait rien nous donner.

L'Homme appelle encore : hors des fourrés, un vieillard surgit. Il a de longs bras, des jambes grêles. Ses cheveux et ses poils sont blancs. Il est marqué de grandes cicatrices rouges. Son visage est très pâle, ses traits sont fins. Il sourit.

L'HOMME

Salut, mon frère!

LE VIEILLARD, *il parle très, très vite*

Salut, petit frère! Je savais que tu allais venir, je t'attendais. Et je savais que tu allais venir avec elle, parce que, hier, j'ai rencontré le Chef... Oui, c'était la première lune d'automne et, à chaque saison, à la première lune, je fais la moitié du chemin vers la tribu et le Chef vient à ma rencontre. Il me donne des pierres taillées et des nouvelles de nos frères, il m'apporte aussi de la nourriture... C'est un grand secret que je vous dis là : mais tu ne le répéteras jamais.

L'HOMME

Non, frère, jamais.

LA FILLE

Et puis, à qui pourrions-nous le dire?

LE VIEILLARD, *à l'Homme.*

Tu lui permets de poser des questions?

L'HOMME

Oui. Pourquoi pas?

LE VIEILLARD

Alors, le Chef m'a bien dit la vérité! Il m'a raconté ton histoire et ton jugement. C'est bien triste. D'ailleurs, les maladies, c'est toujours triste, surtout les maladies dans la tête...

L'HOMME

Comment savais-tu que j'allais venir vers toi?

LE VIEILLARD

Ceux qui sont malades vont toujours voir le sorcier... Et puis, quand j'ai su que tu étais seul, j'ai compris que tu penserais à moi, alors j'ai cueilli l'herbe rouge sous la lune, en prononçant ton nom. C'est comme ça que je t'ai appelé... parce que tu es seul.

LA FILLE

Il n'est pas seul. Je l'ai suivi.

LE VIEILLARD, *à la fille*

C'est bien pire. S'il était seul, il vivrait peut-être; mais avec une fille à défendre, il est perdu. *(A l'Homme.)* J'ai tellement envie de parler que je parle même à une femme.

LA FILLE

Et cette femme comprend tes paroles.

LE VIEILLARD

Certainement non. C'est pour ça qu'au fond, ça n'a pas d'importance. *(A l'Homme.)* Je ne sais plus ce que j'allais te dire.

L'HOMME

Tu as dit que tu m'avais appelé. Pourquoi?

LE VIEILLARD

Viens dans mon arbre : je te le dirai. *(Ils reprennent la promenade à travers les arbres étoilés de haches.)* Regarde mes haches. Celles-là, je les ai plantées la saison dernière... Elles commencent à peine à se prendre... *(Il les tâte au passage pour les vérifier.)* Quand elles seront prêtes, je ne serai plus là pour les cueillir...

L'HOMME

Il faut du temps pour faire une hache?

LE VIEILLARD

La moitié de la vie d'un homme. Il y a bien des saisons que je suis là, et j'ai posé beaucoup de pierres taillées. Et pourtant, jamais encore je n'ai pu donner une de mes haches à la tribu; celles que je cueille, à chaque printemps, ce n'est pas moi qui les ai commencées, c'est le Boiteux qui avait les yeux bleus et qui aimait tant habiter dans les arbres. Une nuit, le lézard volant l'a tué, et c'est moi qui ai pris sa place. Tenez, en voilà une qu'on a laissé perdre. *(Il montre une hache profondément encastrée dans un tronc.)* En voilà une autre, puis encore une autre. On m'a dit que c'était au temps de la grande maladie, quand la tribu est allée se réfugier dans les montagnes. Elle y est restée le temps de la vie d'un homme. Personne n'est plus venu cueillir ces haches, et les arbres les ont avalées. J'en ai sorti une, un jour, pour voir. La pierre n'était pas taillée comme il faut; ça doit être très ancien, c'était avant la civilisation, Ah! Voici les premières que j'ai plantées en venant ici. Regarde : elles sont belles, n'est-ce pas? *(Il s'arrête complaisamment.)*

LA FILLE

Oui. Les branches ont été bien choisies...

LE VIEILLARD

Bien choisies, et bien surveillées...

LA FILLE

Pourquoi surveillées? Elle ne peuvent pas s'envoler.

LE VIEILLARD

Voilà une vraie parole de fille. Il faut surveiller les branches à mesure qu'elles grandissent, surtout au début! Il faut changer les liens de place, il faut gratter l'écorce, il faut faire saigner le bois pour que les deux branches se collent bien... Mais en été, sous le soleil, toutes les courroies s'allongent... Et alors, me voilà parti avec un pot de terre pour les arroser d'eau, deux fois par jour, et j'ai planté autant de haches qu'il y a de jours d'un hiver à l'autre! Tu vois comme c'est commode! *(A l'Homme Pâle.)* Elle a l'air de croire que c'est un travail qu'une femme pourrait faire. Je voudrais bien t'y voir, bestiole bavarde! Parfois, au printemps, quand les bêtes sont folles, il y en a qui montent jusque sur ce plateau! Oui, il y en a des bandes... Et moi, qui suis forcé de sortir de ma cachette pour venir voir mes haches! J'ai à peine le temps d'en soigner une, et tout de suite elles sentent l'homme, et elles se lancent vers moi, avec des rugissements affreux... Si tu me voyais! Sur mes vieilles jambes, je cours plus vite que celui qui a fait le mal! Et parfois, elles restent à me guetter, près de mon trou, pendant des jours et pendant des nuits...

L'HOMME

Et que fais-tu?

LE VIEILLARD

Rien. Je mange, je dors, j'attends qu'elles soient parties. Tout ça pour surveiller des haches dont personne encore ne s'est servi. Il faut dire que la vie des hommes est bien courte et que celui qui veut faire quelque chose d'utile meurt bien souvent avant d'avoir servi...

LA FILLE

Père, tu as dit que celles-ci seraient prêtes au printemps...

LE VIEILLARD

Pas toutes, oh non! Pas toutes celles de ma première année. Enfin, en choisissant celles qui sont bien mûres, il y aura quand même une petite récolte... Mais je ne sais pas si c'est moi qui la ferai... J'ai peur des froids de cet hiver...

LA FILLE

Pourquoi ne rentres-tu pas dans la tribu?

LE VIEILLARD

Il faudrait que je vive avec ceux de mon âge, et moi je n'aime pas les vieux... La vieillesse est lourde à porter elle est encore plus pénible à voir sur la face des autres. Et puis, je veux rester à ma place... Et puis, j'ai un bon abri... Le voilà.

Ils sont arrivés devant un arbre mort d'une taille colossale. Entre les racines bossues qui sortent de terre, le vieillard se glisse jusqu'à un trou qui admet à peine le passage d'un homme. Il y entre en rampant. La Fille, puis l'Homme le suivent.

DANS LE TRONC DE L'ARBRE

C'est une cavité assez grande, qui reçoit le jour par en haut et par diverses fentes.

Tout y est en ordre : les provisions, les armes, les vases pleins d'eau, les peaux de bêtes.

LE VIEILLARD

Voilà ma tanière. Ne fais pas trop attention à l'odeur. C'est la viande sèche que le Chef m'a donnée hier, et puis, il y a des champignons. Ils sentent mauvais quand on les écrase. Je les arrache tous les jours, mais ils attendent que je dorme et ils reviennent chaque nuit. *(Il pousse au centre de sa demeure un panier grossier, qui est plein de fruits.)* Tenez, mangez. Ceux-là, j'en trouve presque toute l'année et, pourtant, je n'en connais que trois arbres. Ils sont bons...

LA FILLE

C'est très doux.

L'HOMME

C'est bon pour la soif.

LE VIEILLARD

Si tu veux, j'ai une provision d'eau. J'ai de tout, moi. De tout, même pour en donner.

L'HOMME

Merci...

Ils mangent un instant en silence.

LE VIEILLARD

Tu as bien fait de venir me voir. Parce que moi, je puis te guérir.

L'HOMME

Tu le peux vraiment?

LE VIEILLARD

J'en suis sûr... Je vais encore te dire un secret. C'est un homme des tribus errantes qui m'a donné un grand remède. Il y a très longtemps... Parfois, j'allais chasser très loin... Je l'ai rencontré près d'une rivière, et d'abord il voulait me tuer, parce que ces hommes sont méchants... Puis, nous avons parlé : ça n'était pas facile, ils ne parlent pas comme nous. Il avait perdu sa tribu. Il est resté trois lunes avec moi. Il m'a appris des choses, et surtout le remède. Voilà : tu mélanges trois herbes que je vais te faire voir. Tu les écrases dans de l'eau et tu bois cette eau. Alors, tu dors trois jours et trois nuits, sans rien entendre, pas même le cri des bêtes. Lorsque tu te réveilles, ta tête est toute propre, tu es tout neuf.

L'HOMME

Tu as essayé?

LE VIEILLARD

Souvent.

L'HOMME

Tu as eu mon mal?

LE VIEILLARD

Non. Mais parfois j'étais triste, et j'avais l'envie de mourir. J'ai préparé les trois herbes, j'ai été guéri.

Une autre fois, le soleil m'avait brûlé la tête. Je ne voyais plus mon chemin, je tombais sur les genoux chaque fois que j'avais fait trois pas... J'ai pu arriver jusqu'ici, j'ai réussi à faire le remède, j'ai été guéri... Je vais le préparer pour toi. Pendant que tu le boiras, il faudra que la Fille sorte, parce que je prononcerai des paroles magiques; si on les dit devant les femmes, ces paroles n'ont plus de force... Voilà les herbes.

Il a tiré d'une cachette plusieurs bouquets de plantes sèches liées par des brins de jonc. Il les défait et prend une sorte de mortier de pierre.

LA FILLE

Père, tu vas le guérir?

LE VIEILLARD

C'est sûr.

LA FILLE

Et moi?

LE VIEILLARD

Toi? Qu'est-ce que tu as?

LA FILLE

Je suis malade comme lui.

LE VIEILLARD

Toi, tu es une fille; que ton esprit soit faible, c'est naturel... On peut guérir la tête d'un homme. On ne peut pas faire pousser une tête sur une femme... *(Il commence ses préparations.)*

L'HOMME

Pourquoi dis-tu que tu es malade comme moi?

LA FILLE

Parce que je ne peux vivre qu'avec toi, je ne peux regarder que toi : si tu me quittes, je cacherai ma figure dans le sable et j'attendrai la mort... Tu es plus fort que lui. S'il te guérit, force-le à me guérir.

LE VIEILLARD

Voilà de bons sentiments, et dignes d'une fille... Il n'y a pas bien loin de la femme au serpent...

L'HOMME

Frère, ne prépare pas ce remède...

LE VIEILLARD

Tu n'as pas confiance?

L'HOMME

Si, j'ai confiance, mais je ne veux pas guérir. Non, je ne veux pas.

LE VIEILLARD

Pourquoi?

L'HOMME

Parce que dans ma folie, je suis heureux.

LE VIEILLARD

Un fou ne sait pas qu'il est fou. Si je te guéris, j'en parlerai au Chef : tu pourras peut-être retourner à la tribu.

L'HOMME

Je ne veux pas y retourner.

LE VIEILLARD

Tu ne veux pas reprendre ta place chez tes frères?

L'HOMME

Non. Je ne veux pas. Je veux vivre seul avec cette femme, qui est à moi; je veux vivre pour elle comme elle vivra pour moi.

Le vieillard pousse un long sifflement de surprise.

LE VIEILLARD

Tu parles de vivre comme si c'était facile! Il vous sera bien plus facile de mourir! On ne peut pas vivre seul.

LA FILLE

Mais toi, Père, n'as-tu pas réussi à vivre seul?

LE VIEILLARD

N'oublie pas que de loin, chaque soir, je sens l'amitié de tous. N'oublie pas que je suis utile et que je travaille pour eux... N'oublie pas que le Chef m'apporte souvent la viande séchée...

LA FILLE

Il saura tuer de la viande fraîche. Je saurai choisir les fruits.

LE VIEILLARD

Mais les bêtes.

LA FILLE

Tu as pu leur échapper.

LE VIEILLARD

Où peut-on trouver un abri comme le mien?

L'HOMME

J'en ai trouvé un.

LA FILLE

Il est même plus solide que le tien, parce qu'il est dans le rocher.

LE VIEILLARD

Plus solide que le mien? *(Il est indigné.)*

L'HOMME

Non, frère, non. Il n'est pas plus solide... Le tien est le meilleur qu'un homme ait jamais vu... Pardonne-lui : elle ne sait pas juger.

LE VIEILLARD

Voilà ce que c'est de parler aux femmes. On n'entend que des bêtises, des paroles sans raison... Plus solide que le mien! Dans les rochers! Dis que tu as trouvé un trou de rats, je comprendrai tout de suite ce que c'est!

L'HOMME

Tu dis vrai, Père : c'est un trou, une espèce de crevasse. Ce n'est pas une demeure comme la tienne, mais elle est assez bonne pour nous — et je crois que nous pourrions y vivre en paix si nous avions des armes.

LE VIEILLARD

Naturellement : ils t'ont pris les tiennes...

L'HOMME

Oui. Ils me les ont prises.

LE VIEILLARD

Sans armes, tu es perdu. Et tu es seul.

L'HOMME

Je le sais.

LE VIEILLARD

Alors, que vas-tu faire?

L'HOMME

Je ne sais pas.

LE VIEILLARD

Tu espères peut-être que je vais te donner une hache?

L'Homme va répondre. Il va dire oui. Mais la Fille intervient.

LA FILLE

Non, Père, non. Nous savons bien que la Loi le défend.

LE VIEILLARD

La voilà qui parle encore, et qui ose parler de la Loi! Qu'est-ce que tu sais de la Loi, petite vermine?

LA FILLE

C'est lui qui m'a dit ce matin : « Nous irons voir le Père des Haches, mais il ne pourra pas nous en donner une, parce que la Loi le défend! »

LE VIEILLARD

Il a bien parlé, et tu as bien écouté. Pour une femme c'est admirable. *(Brusquement.)* C'est le Chef qui donne les haches. Il t'a repris la tienne, je ne peux pas t'en donner une autre. Je serais aussi coupable que toi.

L'HOMME

Je sais bien.

LE VIEILLARD, *à lui-même*

Il ne veut pas que je le guérisse, et il ne demande pas une hache. Alors, pourquoi est-il venu?

L'HOMME

Pour te demander conseil.

LE VIEILLARD

Puisque tu ne veux pas guérir, voilà le conseil que je te donne : crevez tous les deux le plus vite possible; la souffrance sera plus courte.

L'HOMME

Non, nous ne voulons pas mourir.

LE VIEILLARD

Comment vivre? Tu es seul, et tu n'as que tes deux bras pour la bataille!

L'HOMME

Je n'ai que mes deux bras, mais j'ai ma tête. Dans la tête des hommes, il y a une grande force.

LE VIEILLARD, *intéressé*

Tu veux dire que tu vas penser?

L'HOMME

Je vais essayer. On économise beaucoup de travail.

LE VIEILLARD

Oui, parfois. Mais quelle fatigue! Je sais ce que c'est... Lorsque j'étais jeune, moi aussi j'ai pensé, j'ai inventé. Pas toujours, naturellement. Quand j'avais une jambe ou un bras cassé, quand on ne me voulait plus à la chasse. Alors j'allais m'asseoir à l'ombre, je fermais les yeux et je pensais... Je finissais toujours par m'endormir.

L'HOMME

Moi, je suis jeune encore. Je peux fermer les yeux, et je ne dors pas. Alors, je vois des choses comme si elles étaient vraies. Dans la tribu, on n'a pas besoin de penser : on attend les ordres du Chef, et tout est bien. On a la nourriture et la tranquillité. Eh bien, moi, même quand j'étais dans la tribu, je pensais déjà. Je me disais : « Pourquoi faisons-nous telle chose de telle façon? Pourquoi les haches sont-elles si lourdes? Pourquoi est-il défendu de parler aux femmes? » Toujours, j'avais la tête pleine de questions.

LE VIEILLARD

C'est peut-être ce qui t'a perdu.

L'HOMME

C'est peut-être ce qui me sauvera. Parce que ces questions, je les faisais pour m'amuser. Mais maintenant, si je veux vivre, il faudra que je trouve les réponses. Et puis, je veux qu'elle vive, elle aussi. Elle m'a suivi dans ma solitude : il ne faut pas qu'elle ait des regrets.

LA FILLE

Je ne regrette rien, mais j'ai de la peine.

L'HOMME

Pourquoi?

LA FILLE

Tout à l'heure, le Père a dit que tu étais perdu parce que tu avais la charge d'une femme. Et puis, plusieurs fois, il a dit tristement : « Tu es seul. Tu n'as que deux bras. » Et toi-même, deux fois, tu as dit : « Je suis seul. » Ce n'est pas vrai, tu n'es pas seul. Moi je suis là, auprès de toi. Je ne t'ai pas suivi pour que tu me protèges. Je t'ai suivi pour te protéger.

Le vieillard rit à s'étouffer.

LA FILLE

Père, tu ris comme un enfant, et il est bien vrai que tous les hommes sont des enfants. Les femmes le savent : dans la tribu, elles le disaient souvent, et elles riaient de votre force et de vos coups de bâton. On défend aux hommes de parler aux femmes : c'est tant pis pour eux, ils apprendraient beaucoup de choses.

LE VIEILLARD

Toi, tu sais des choses que je ne sais pas?

LA FILLE

Je sais beaucoup de choses que tu ne sais pas, et qui seront bonnes pour toi. Père, en ce moment-ci, y a-t-il une bête qui se promène dans la forêt?

Silence. Les hommes écoutent et flairent.

LE VIEILLARD

Il y a beaucoup d'oiseaux dans les arbres, il y a

aussi des loups... Ils sont deux ou trois. Assez loin d'ici.

L'HOMME

Je sens aussi un cerf et des biches... Plusieurs biches probablement.

LA FILLE

Et le lion, vous ne le sentez pas? Moi, je le sens, et je l'entends. Il est très loin, au bord du ruisseau. Je sens l'odeur du ruisseau. Et après le ruisseau, il y a des buffles...

LE VIEILLARD

Pour aller au ruisseau, il faut marcher longtemps... L'odeur ne vient pas jusqu'ici...

LA FILLE

Écoutez... Le lion rugit...

Silence.

L'HOMME

C'est vrai, je l'ai entendu.

LE VIEILLARD

Comment peux-tu sentir aussi loin?

LA FILLE

Toutes les femmes le peuvent, mais on ne leur demande rien... Va, tu n'es pas seul. Je n'ai pas la force d'un homme, mais je t'aiderai plus que tu ne crois.

LE VIEILLARD, *pensif*

Évidemment, si on t'avait laissé tes armes, tu pourrais peut-être vivre...

L'HOMME

On ne me les a pas laissées...

LA FILLE

Est-ce que nous ne pourrions pas fabriquer une hache?

LE VIEILLARD

En voilà une bonne idée! C'était bien la peine de lui montrer le jardin des haches et de lui expliquer qu'il faut la moitié de la vie! Tiens, je ne voulais pas en parler : mais je vais vous montrer quelque chose. *(Il plonge longuement son bras dans une cachette profonde. Il en retire, avec précaution, une hache neuve. La pierre est étroite et longue, le manche a été soigneusement aminci et poli. Il la plante dans le sol, dans un rayon de soleil.)* Voilà. Je l'ai coupée il y a trois lunes et, depuis trois lunes, j'y travaille. Et j'ai un grattoir d'une finesse merveilleuse pour polir le manche!

Tous trois regardent la hache avec une grande émotion.

LE VIEILLARD

C'est la première des miennes. La première!... Elle ne ressemble pas à celles des autres récoltes!

L'HOMME

Non, elle ne leur ressemble pas!

LE VIEILLARD

La pierre est plus étroite et le manche est plus long. C'est moi qui avais demandé au tailleur de silex de me faire des haches étroites. C'est une idée à moi.

L'HOMME

C'est une bonne idée.

LE VIEILLARD

Ça, c'est une arme moderne.

LA FILLE

Je n'en ai jamais vu d'aussi belle!

LE VIEILLARD, *il rit aux anges avec une vanité d'enfant.*

Ça, tu peux le dire!

LA FILLE

Et ce n'est que la première... Je suis sûre que tu en feras de plus belles.

LE VIEILLARD

Je l'espère, mais ce n'est pas sûr. Tiens, mange des fruits. *(Il lui donne des fruits.)* Et toi, prends-la un peu dans la main. Tu vas voir si la prise est bonne... Essaye un peu.

L'Homme prend la hache. Il la baise, puis la fait tourner.

L'HOMME

Celui qui aura cette hache sera dangereux pour toutes les bêtes.

LE VIEILLARD

Oui, ça sera aux bêtes d'avoir peur...

LA FILLE

Et tu vas la donner à qui?

LE VIEILLARD

A moi. Celle-là, je la garde. J'en ai une autre, mais je garde aussi celle-là. Moi, j'ai le droit.

L'HOMME

Mais l'autre, tu ne t'en serviras plus. Tu ne veux pas me la donner? Je t'apporterais de la viande...

LE VIEILLARD

Je n'ai pas le droit...

LA FILLE

Si elle est à toi, tu peux la donner...

LE VIEILLARD

Non. C'est la Loi.

LA FILLE

Tu as dit que jamais tu ne verrais servir tes haches... Tu serais peut-être content de voir la première dans les mains d'un homme qui défend sa vie?

LE VIEILLARD

Je serais content, mais c'est défendu. *(Un temps, puis le vieillard parle à voix basse.)* Écoute un peu. Si tu me faisais une menace...

L'HOMME

Moi, Père? Pourquoi?

LE VIEILLARD

Tu es plus fort que moi. Tu pourrais me dire : « Donne-moi cette hache, ou je te tue. »

L'HOMME

Ce serait encore un crime, de menacer un frère...

LE VIEILLARD

Au point où tu en es, ça n'a plus d'importance... Si tu me faisais cette menace, moi je te donnerais la hache, parce que la Loi dit : « Pour éviter le Crime des crimes, tout est permis. » Moi, je te donnerais la hache.

LA FILLE

Fais-lui la menace. *(L'Homme hésite, puis il se décide.)*

L'HOMME

Père, si tu ne me donnes pas cette hache, je suis forcé de te tuer.

LE VIEILLARD

Mon fils, ta menace est affreuse, mais je dois t'obéir. Prends cette hache, la première des miennes.

LA FILLE

Père, tu nous donnes la vie *(Elle lui baise les mains.)*

LE VIEILLARD

Peut-être. En tout cas, si vous ne perdez pas la vie, il faudra venir me voir de temps en temps... Je vous parlerai, vous me parlerez, et nous mangerons ensemble... C'est bon de voir une figure sans regarder dans un étang. Maintenant, mangeons de la viande.

LA FILLE

Si tu me permets, je vous servirai.

Ils prennent place, et la Fille découpe, avec une longue lame de silex, les tranches de viande sèche.

Les deux hommes mangent voracement. L'Homme Pâle ne quitte pas sa hache et, de temps à autre, il la regarde avec amour.

DEVANT LA GROTTE DE LA TRIBU

Il y a quelques vieillards, quelques vieilles femmes et quelques enfants autour de la civière où repose le Père. Ils regardent au loin la tribu tout entière qui s'éloigne.

UNE VIEILLE FEMME

Pourquoi ont-ils emporté les enfants?

LE PÈRE

Parce que, pour les grandes pêches, il faut toutes les femmes. Et tu n'as pas assez de lait pour faire téter tant de nourrissons!

Les vieillards rient, la vieille les regarde, absente et désœuvrée.

UN VIEILLARD

Et puis, pour rapporter tout le poisson, il faut les femmes.

UN VIEILLARD

Les mâles ont bien autre chose à faire. De mon temps, en revenant des grandes pêches, nous faisions la chasse toute la journée... La pêche durait presque toute une lune...

UN AUTRE VIEILLARD

Et maintenant, nous restons ici à veiller sur les provisions, comme des femmes...

LA VIEILLE

Qu'est-ce que je vais faire, moi, ici, sans les enfants? Je vais mourir.

LE PÈRE

Je te permets de partir avec eux. Tu montreras cette coquille au Chef. *(Il lui donne un coquillage. Elle s'enfuit comme une bête, vers la tribu.)*

La tribu chemine au fond d'un vallon. En tête, des éclaireurs armés. Derrière eux, les femmes; beaucoup sont chargées d'enfants. A l'arrière-garde, une troupe d'hommes.

A droite et à gauche, sur les crêtes, cheminent des guerriers en armes qui protègent les flancs de la tribu.

Soudain, la corne sonne. La tribu se groupe contre une paroi et commence à grimper. Un groupe de guerriers s'élance en avant et disparaît derrière un col.

DANS UN GROUPE DE FEMMES

UNE FEMME, *qui flaire l'air*

Les mammouths?

UNE AUTRE FEMME

Non. C'est la Bête. Une seule Bête...

UNE AUTRE

Elle sent fort... Elle est lourde... Je l'entends qui marche...

Toutes restent collées au rocher, à vingt mètres en l'air. On entend un rugissement déchirant. La corne sonne encore. Un nouveau groupe de guerriers s'élance.

EN HAUT DE LA FALAISE

Plusieurs hommes, avec des leviers, sont prêts à faire basculer un bloc de rocher. Ils attendent. Le Chef fait un signe. Le bloc tombe dans la gorge. On entend des clameurs de triomphe. La tribu entière dégringole au fond du vallon et rejoint les guerriers : ils entourent une bête énorme, qui a les reins brisés par le bloc et qui agonise.

AU BORD D'UNE RIVIÈRE

L'Homme est à la pêche, tout seul, à plat ventre dans l'herbe, son javelot à la main; il regarde, immobile, au fond de l'eau. Soudain, son bras se détend, le javelot plonge comme un éclair.

L'homme se penche, allonge le bras, il remonte le javelot à la pointe duquel frétille un poisson.

Pendant qu'il décroche sa proie, son attention est attirée par le frémissement d'une branche épineuse qui plonge dans l'eau. Soudain, la branche est agitée de violentes secousses. L'Homme s'élance, saisit la branche et la tire violemment hors de l'eau. Un poisson de grande taille est accroché à une épine qu'il a dans la gueule.

L'Homme a fait tomber le poisson dans l'herbe.

Avec sa hache, il coupe la branche. Puis, la traînant derrière lui, il monte en courant vers la grotte.

DANS LA GROTTE

La Femme est occupée à gratter une peau de bête avec un racloir en silex. Elle entend les pierres qui roulent sous les pas de l'Homme. Elle lève la tête. Il entre. Il traîne derrière lui la branche et le poisson.

LA FEMME

Qu'il est beau?

L'HOMME

C'est le poisson tendre, le meilleur de tous...

LA FEMME

C'est le plus difficile à prendre.

L'HOMME

Mais ce n'est pas moi qui l'ai pris.

LA FEMME

Alors, qui est-ce?

L'HOMME

C'est cette branche, avec une épine.

LA FEMME

Pourquoi a-t-il mordu des épines?

L'HOMME

Il voulait peut-être jouer.

La Femme a ouvert la gueule du poisson. Elle dégage l'épine et l'examine.

LA FEMME

Non. Il voulait manger. Regarde. Il y a un nid de chenilles près de l'épine.

L'HOMME

Les chenilles ne font pas leurs nids dans l'eau.

LA FEMME

C'est le vent qui a fait tomber la branche dans l'eau. Le nid de chenilles y était déjà. Nous avons de la chance... C'est le poisson qui sèche le mieux au soleil. *(Elle l'ouvre en deux. Un silence.)*

L'HOMME

Écoute : ça, c'est un piège, oui, c'est un piège pour les poissons.

LA FEMME

Qu'est-ce que tu veux dire?

L'HOMME

Je veux dire que je peux le refaire.

LA FEMME

Comment diras-tu aux chenilles de faire leur nid au bout de la branche?

L'HOMME

Je prendrai des chenilles — ou des vers — et je les enfilerai sur les épines.

LA FEMME

Oh oui... Oui. Mais tu as coupé la branche... Comment feras-tu maintenant?

L'HOMME

Il y a d'autres buissons et d'autres branches.

LA FEMME

Elles sont au bord de la rivière? Elles trempent dans l'eau?

L'HOMME

Je les couperai, je les porterai au bord de la rivière, je piquerai les chenilles et je les plongerai dans l'eau. Et puis, j'attacherai ces branches à des buissons et j'irai dormir. Et quand je m'éveillerai, toutes ces branches auront piqué des poissons à ma place.

LA FEMME

Sûrement. J'irai avec toi?

L'HOMME

Oui, tu viendras avec moi. Tu viendras. Je n'aime pas te laisser seule... Et puis, quand tu n'es pas avec moi, je te vois partout et je ne vois rien d'autre. Quand tu es avec moi, je te sens, je n'ai pas besoin de te regarder et je sais que tu me regardes.

DANS LA RIVIÈRE

La tribu continue sa pêche.
Il y a des montagnes de poissons que les femmes ouvrent et suspendent à des épines pour les faire sécher au soleil.

AU CENTRE DE LA CLAIRIÈRE

Le Chef mange un poisson cru, dont il enlève délicatement les arêtes.

LE CHEF

Belle pêche, bien réussie. Nous pourrons traverser les lunes du froid... Bien réussi. Je suis content... Le temps n'est pas beau, mais la pêche est belle...

Les enfants sont dans la rivière à battre l'eau avec des branches pour effrayer le poisson. Des plongeurs ressortent de temps à autre avec d'énormes saumons qu'ils vont chercher sous les racines de la rive.

LE LENDEMAIN MATIN

Au bord d'un grand ruisseau, l'Homme, accroupi dans l'herbe, décroche un grand poisson. La Femme, près d'un buisson, tient une branche coupée au bout de laquelle, dans un flot d'écume, se débat un autre poisson. Elle crie. L'Homme vient à son aide et ils jettent la proie sur la rive.

L'HOMME

Il n'y en a plus. C'est la dernière.

LA FEMME

Il faut remettre des chenilles à toutes les branches, et les rejeter à l'eau.

L'HOMME

Nous avons du poisson pour toute une tribu...

LA FEMME

Les froids vont venir, et ils dureront longtemps... Maintenant le soleil est bon pour sécher la nourriture. Il faut que j'en profite...

L'HOMME

Les cachettes sont pleines de viande et de fruits... Et puis, les froids sont encore loin...

LA FEMME

Je ne pourrai pas toujours travailler. Je vais être lourde bientôt, à cause de l'enfant.

L'HOMME

Quel enfant?

LA FEMME

Le mien. Je sais que je prépare un enfant. J'en ai du plaisir et du souci. Il faut que tout soit prêt quand il viendra. Je n'aurai pas ma mère pour m'aider.

L'HOMME

Il te faudra beaucoup de temps pour le faire?

LA FEMME

Je ne sais pas. Il faut plusieurs lunes. Presque toujours ils viennent quand les feuilles tombent. Si ma mère était là, elle nous le dirait.

L'HOMME

Moi, je suis là, et je t'aiderai.

LA FEMME

Oh non! Ces choses-là, ça ne regarde pas les hommes. C'est quand il sera né qu'il faudra que tu m'aides; à cause du froid... Dans la tribu, pendant les grands froids, toutes les femmes se mettent ensemble dans un coin bien abrité, et elles font de la chaleur pour les petits enfants. Nous le ferons dormir entre nous deux...

L'HOMME, *perplexe.*

Il faudra que je réchauffe l'enfant?

LA FEMME

Si on ne le réchauffe pas, il mourra.

L'HOMME, *inquiet.*

C'est une idée qui ne me plaît pas de mettre contre moi un tout petit enfant, Ça me fait peur. D'abord, si je bouge, je l'écrase, et puis ça crie, et puis c'est mou comme une grenouille.

LA FEMME

Moi seule, si les grands froids viennent, je ne pourrai pas le réchauffer...

Elle rêve un moment. Brusquement, elle dilate ses narines, elle flaire le vent.

LA FEMME

Tu ne sens rien?

L'HOMME, *il flaire à son tour*

Non. L'odeur des poissons me gêne...

LA FEMME

Viens.

Elle le prend par la main et elle l'entraîne vers un rocher. Elle arrive avant lui et crie.

LA FEMME

Là-bas! Une étoile est tombée... Regarde! Là-bas, le Feu!

L'HOMME

Il est loin. Nous ne risquons rien. Il ne viendra pas jusqu'ici. Le jour baisse... Allons rentrer les poissons.

Ils redescendent vers la rivière.

AU CAMP DES PÊCHEURS

La tribu travaille dans la clairière, au milieu des arbres chargés de poissons. Soudain, l'un des guetteurs sonne dans sa corne. Tous les hommes bondissent sur leurs pieds. Le guetteur descend en courant.

LE GUETTEUR

Le Feu. Il vient sur nous.

Les hommes ramassent les enfants et prennent la fuite.

LES FEMMES

Les poissons... Les beaux poissons...

LE CHEF

Il ne faut pas mourir pour des poissons. Nous les retrouverons si le Feu s'arrête. Maintenant, il faut fuir. Regarde.

Derrière une crête monte un panache de fumée. En silence, ils fuient.

ON REVIENT AU COUPLE

Ils enfilent leurs poissons sur des perches.
De temps à autre, ils regardent au loin la fumée.

LA FEMME

Tu l'as vu de près, toi, le Feu?

L'HOMME

Pas si bête.

LA FEMME

Moi je l'ai vu.

L'HOMME

Toi?

LA FEMME

Oui. Quand j'étais petite... Les femmes avaient emmené les enfants dans la forêt... C'était dans un endroit défendu, c'est pour ça qu'on ne l'a jamais dit à personne... Les arbres étaient en colère, ils agitaient leurs branches pour faire du vent. Et tout à coup, en haut d'un vallon, le Feu s'est dressé brusquement. Nous avons fui en hurlant. Mais le vent des arbres avait déjà jeté des étoiles de l'autre côté du vallon, et on ne pouvait plus passer. Alors, en pleurant et en gémissant, toutes les femmes se sont couchées par terre pour mourir. Eh bien, le Feu ne nous a pas fait de mal. Il n'est pas venu jusqu'à nous : il est parti vers une autre colline et, à la fin, il s'est noyé dans le ruisseau.

L'HOMME

C'est un grand hasard qu'il ne vous ait pas dévorées parce qu'il mange tout, même les ours et les lions.

Ils continuent à enfiler les poissons par les ouïes sur deux perches minces et pointues. Un silence.

LA FEMME

Après, quand le Feu s'est noyé, nous avons pu nous sauver. Mais il a fallu traverser une petite forêt qu'il avait mangée... Eh bien, la terre était plus chaude que le soleil d'été... Il y avait partout de petites gouttes rouges qui mangeaient des branches toutes noires... Il y a des femmes qui ont eu les pieds mordus par le Feu! C'est parce qu'elles avaient marché dessus. Moi je n'ai pas marché sur lui, et il ne m'a pas fait de mal... Toutes les femmes couraient, moi je suis restée en arrière, pour voir.

L'HOMME

C'est toujours la curiosité qui a fait mourir les filles...

LA FEMME

Tu vois que je ne suis pas morte. Il y avait un grand arbre; il s'était battu contre le Feu, et il avait perdu. Il était couché par terre, et le Feu avait laissé des abeilles rouges qui le mangeaient. Je me suis approchée parce que c'était joli... Et l'arbre qui mourait m'a lancé toute une ruche d'étoiles rouges. Elles ne m'ont pas fait de mal : en me touchant, elles sont mortes... Et puis ma mère, qui hurlait, est revenue me chercher, en se cachant les yeux avec son bras... Et après, elle m'a tellement battue que j'ai dormi pendant deux jours.

L'HOMME

Elle a bien fait... Moi aussi, quand j'étais petit, un jour, j'ai vu un ours énorme qui dormait. Je me suis amusé à lui lancer des pierres. Par bonheur, il n'a rien senti! Toi, si le Feu avait voulu, tu ne serais plus rien qu'une poussière blanche... Il faut être privé de raison pour ne pas avoir peur du Feu...

LA FEMME

J'avais peur, une peur affreuse. Mais c'était très bon d'avoir peur... Et puis, d'avoir chaud...

Un temps. Ils continuent à ramasser les poissons.

L'HOMME

A quoi penses-tu?

LA FEMME

Je pense que le froid va tuer l'enfant.

L'HOMME, *indifférent*

S'il meurt, tu en feras un autre au printemps.

LA FEMME

On ne les fait pas quand on veut. Les enfants, c'est comme les fruits. Ils choisissent la saison. Et puis, il ne doit pas mourir. Qu'il meure, ce n'est pas possible.

L'HOMME

Moi, j'en ai vu mourir beaucoup.

LA FEMME

Pas celui-là. Le mien doit vivre.

L'HOMME

C'est toi qui dis que le froid va le tuer. On ne peut rien contre le froid.

LA FEMME

Il y a peut-être un moyen. Il faudrait que tu ailles chercher... *(Elle se tait, elle baisse les yeux.)*

L'HOMME

Qui? Ta mère?

LA FEMME

Non. Le Feu.

L'HOMME

Quoi? Qu'est-ce que tu dis?

LA FEMME

Cette étoile qui est tombée; si nous allions la voir de près, peut-être nous pourrions lui voler une flamme.

L'HOMME

Je crois qu'il vaudrait mieux aller voir Celui des Haches pour qu'il te fasse le remède... Il faut que tu aies une guêpe dans la tête pour dire des choses pareilles! Toi, tu veux marcher vers le Feu? Tu as envie de mourir?

LA FEMME

Au contraire...

L'HOMME

Le Feu! Toucher le Feu! Quand j'y pense, les poils de mes bras se redressent et il me semble que je vais crier, comme quand on sent l'odeur de la mort...

LA FEMME

Mais puisque moi...

L'HOMME, *énervé*

Tais-toi. Ne parle plus de ça. Je ne sais pas ce que tu as ce matin. Tu ne dis que des paroles de folie... Maintenant, je ne crois plus que tu puisses faire un enfant.

LA FEMME

Pourquoi?

L'HOMME

Parce que tu es trop bête. Allons, prends tes poissons et viens.

Il a mis sur son épaule la plus grande perche, au bout de laquelle pendent une dizaine de gros poissons. La Femme ramasse la petite perche et le suit. Soudain, elle le rattrape et lui prend le bras.

LA FEMME

Tu es fâché?

L'HOMME

Je n'aime pas les mensonges.

LA FEMME

Tu ne crois pas que je l'ai vu de près? Tu ne crois pas que le Feu m'a touchée, et qu'il ne m'a pas fait de mal?

L'HOMME

Tais-toi. Si tu veux raconter des histoires, attends que ton enfant soit né. Lui, peut-être, il pourra te croire. Allons, marche devant.

Elle passe devant lui. Il la suit. Deux fois, elle se retourne pour voir au loin la fumée qui monte très haut dans le soir.

Fondu au noir.

PAYSAGE DE NEIGE

Au loin, la forêt des haches. Le Vieillard des Haches, couvert de fourrures, marche à côté de l'Homme Pâle, qui est très étroitement vêtu de la peau d'un ours. Le vieillard a son bras sous celui de l'Homme Pâle. Ils parlent affectueusement, de très près, avec des arrêts, en regardant souvent autour d'eux. L'Homme Pâle est triste, le vieillard est perplexe.

L'HOMME

Tout avait très bien marché, et nous avions des provisions pour tout l'hiver; et voilà, ce malheur arrive : elle perd la raison, ce n'est plus une femme.

LE VIEILLARD

Il y a longtemps que ça lui a pris?

L'HOMME

Oui. En réfléchissant, on peut dire qu'il y a longtemps... Un jour, à la saison du soleil, nous étions à la pêche... Et elle me dit qu'elle va faire un enfant.

LE VIEILLARD

Pouah! Je n'aime pas beaucoup ce genre de conversation; bien sûr qu'il faut des enfants. Mais ça regarde les femmes, et elles n'ont jamais le droit de nous en parler.

L'HOMME

Attends : ça ce n'est rien. A cause de l'enfant, elle me dit qu'il faut aller chercher le Feu!

LE VIEILLARD

Chercher le Feu? Je ne comprends pas...

L'HOMME

Elle me dit qu'il faut aller vers le Feu, prendre une étoile et la garder pour nous.

LE VIEILLARD

Ho ho! J'en ai entendu de fortes dans ma vie. Mais jamais comme celle-là! Chercher le Feu! Pour quoi faire?

L'HOMME

Pour chauffer l'enfant, au moment du froid...

LE VIEILLARD

Franchement, ce n'est pas pour dire du mal des femmes... Mais ça, ça mérite une réponse à coups de bâton! Chercher le Feu! Va, va, dis-lui qu'elle y aille, et tu en seras débarrassé.

L'HOMME

Après, au bout d'une lune, elle n'a plus voulu m'accompagner à la chasse. Elle restait toute la journée dans un coin de la grotte, et elle mangeait tout le temps. Ça fait qu'elle est devenue grosse et lourde comme un crapaud. Et puis, à force de manger, elle finissait par vomir.

LE VIEILLARD

Ça, les femmes, ça leur arrive souvent. Ça prouve qu'elles n'ont pas de bon sens. Elles mangent pour vomir. C'est jeter de la nourriture.

L'HOMME

Et puis, il y a quelques jours, elle s'est mise à mettre de l'ordre partout. Elle a gratté toutes les fourrures, elle en a fait un tas très épais, dans le coin le plus noir.

LE VIEILLARD

Ça encore, ce n'est pas insensé. C'est très bon de mettre de l'ordre. Moi, souvent, je mets de l'ordre chez moi. C'est utile.

L'HOMME

Oui. Mais si tu l'avais vue... Je lui parlais, elle ne répondait pas. Et même, il semblait qu'elle n'entendait pas...

LE VIEILLARD

Elle est peut-être devenue sourde?

L'HOMME

Oh non! Tu sais qu'elle entendait les bêtes de très loin? Et bien maintenant, c'est encore plus fort. Elle entend voler des oiseaux qu'on ne voit pas encore...

LE VIEILLARD, *sceptique*.

Et qu'on ne verra peut-être jamais.

L'HOMME

Tu te trompes. Je les ai vus. *(Un temps.)* Et après, depuis deux jours, il est arrivé une chose étrange. Je suis rentré le soir, comme tous les jours, avec ma chasse. L'entrée de la grotte était complètement fermée avec des pierres.

LE VIEILLARD

Un éboulement?

L'HOMME

Non. Des pierres bien rangées. Un rat n'aurait pas pu y passer.

LE VIEILLARD

Comme un tombeau?

L'HOMME

Comme un tombeau. Alors, j'ai crié. J'ai appelé. Le silence. J'ai cru qu'elle était morte. Alors, j'ai essayé d'arracher les pierres. J'en ai enlevé une seule : j'ai entendu un cri de bête. Et puis, elle m'a dit : « Va-t'en. Laisse-moi seule. Va-t'en. » J'ai parlé. J'ai dit des mots d'amitié. Elle a répondu : « Pour que les bêtes ne prennent pas ta vie, va dormir dans le grand arbre. » J'y suis allé. Et ce matin, je suis revenu à la grotte. Elle était toujours fermée. Mais j'ai entendu qu'elle pleurait et qu'elle gémissait. Alors, j'ai cru qu'elle regrettait sa folie et j'ai voulu arracher les pierres. Elle a crié à se briser la gorge, si fort que j'ai eu peur. *(Il sourit faiblement, honteux.)* J'ai eu peur pour elle. Et je suis venu te voir, pour te dire : « Donne-moi le remède, parce qu'elle est perdue. » Voilà.

Un grand temps. Le vieillard fait quelques pas. Il regarde autour du ciel, il scrute les broussailles, il écoute, il flaire. Enfin, il sort les trois herbes de ses fourrures et il parle à voix basse.

LE VIEILLARD

Voilà le remède, mais ce n'est pas la peine de le prendre. Cette fille, je sais ce qu'elle a : elle fait un enfant.

L'HOMME

C'est pour ça qu'elle se cache?

LE VIEILLARD

Oui. Écoute. *(Il regarde encore autour de lui.)* Les femmes sont bêtes, les femmes sont sales, les femmes se battent comme des serpents. Elles ne peuvent pas attaquer les autres bêtes parce qu'elles sont molles partout. Écoute : tu as touché des femmes : tu sais que c'est tendre comme un fruit mûr. C'est un animal méprisable, elles n'ont pas le droit de nous parler. Mais... Mais... Mais... *(Il lève un doigt et se tait.)*

L'HOMME

Mais... quoi?

LE VIEILLARD

Mais elles nous font. Moi, je suis sorti d'une femme, toi, tu es sorti d'une femme.

L'HOMME

Oh, je le sais. *(Il pense à sa mère.)*

LE VIEILLARD

Moi aussi, je le sais. Comment font-elles pour fabriquer des garçons et des filles? Est-ce que ce n'est pas dégoûtant qu'un homme ne puisse pas faire un enfant? Elles en font un chaque année. Et parce que c'est le grand mystère, à ce moment-là, elles se cachent. Elles ne veulent pas nous dire le secret. Il y a bien longtemps que les hommes voudraient les surprendre. Nous n'y sommes jamais arrivés. Voilà la vérité : elles sont plus fortes que nous.

L'HOMME

Plus fortes? Mais si je la frappe...

LE VIEILLARD

Une femme, tu peux la frapper. Mais un enfant, tu ne peux pas le faire...

L'HOMME

Et tu crois qu'elle...

LE VIEILLARD

Oh certainement! Si elle a fermé la grotte depuis deux jours, ce n'est pas la peine d'emporter les herbes. Maintenant, elle est guérie, et maintenant, l'enfant est né.

L'HOMME, *rêveur.*

Mais comment cette fille dorée de la source, comment cette si petite chose pourrait faire un enfant, et peut-être un homme?

LE VIEILLARD

C'est le secret qui nous fait peur à tous.

L'HOMME

Si je touche son bras, sa peau devient rouge. Sa peau, c'est aussi fin qu'une toile d'araignée, c'est aussi doux qu'une plume d'oiseau. Sur sa poitrine, à la place des muscles, elle a deux colombes grasses, tendres, chaudes, avec un bec rouge.

LE VIEILLARD

Je sais. C'est pour faire boire les enfants. C'est aussi tendre que la bouche des enfants. Oh, c'est bien fait. C'est très bien fait. Elles ont toutes les ruses... C'est pour ça qu'il faut leur parler durement, qu'il faut les battre. Sans ça, elles nous commanderaient.

L'HOMME

Qu'elle fasse un homme, je ne peux pas le croire. Avant, nous étions deux. Et après, nous serons trois? Ce n'est pas possible.

LE VIEILLARD

Retourne à ta grotte, et tu le verras. Moi, je vais te quitter ici. Il faut que j'aille à la tribu.

L'HOMME

Pourquoi?

LE VIEILLARD

Parce que je vais mourir. Alors, il faut que j'avertisse. On me remplacera.

L'HOMME

Tu vas mourir? Pourquoi?

LE VIEILLARD, *souriant*

Parce que le temps est venu... Et puis, à la dernière lune, j'ai rencontré les loups... Je me suis bien battu, et j'ai pu me sauver : mais... regarde. *(Il ouvre ses peaux. On voit un énorme abcès, tout noir, sur sa cuisse sanguinolente.)* J'ai fait tous les remèdes. Ça n'a pas voulu guérir, et c'est chaud comme le soleil d'été. Touche. C'est la fin. Alors, il faut avertir la tribu. J'y vais... Ça me plaît de mourir là-bas.

L'HOMME

Je n'aime pas cette idée.

LE VIEILLARD

Alors n'y pense pas... Je vais mourir : ton enfant est né. C'est la vie des hommes... Retourne vers la femme et l'enfant. Toi aussi, tu mourras. Mais fais d'abord ce qu'il faut faire. Retourne vers la femme et l'enfant. Je ne te verrai plus. Je veux t'embrasser. *(Il le serre dans ses bras, il lui baise le front. Puis il sort des fourrures un silex taillé.)* Tiens, prends ce couteau pour elle. C'est moi qui l'ai taillé... Frappe-la quand c'est nécessaire. Mais pas trop fort, pas pour la blesser. Occupe-toi de l'enfant. L'enfant, c'est la saison prochaine; moi, je suis la saison passée. Il faut que je parte, sinon je n'arriverai pas. Adieu.

Il s'éloigne, boitillant dans la neige. Il va, sur sa jambe pourrie, porter à la tribu la nouvelle de sa mort. L'Homme Pâle le regarde partir, et tout à coup s'élance sur une autre piste, dans la neige, entre deux montagnes.

A TRAVERS LES COLLINES

L'Homme Pâle court dans la neige.

Il paraît songeur, et presque inquiet. Il court vite; de temps à autre il s'arrête, il écoute, il explore l'horizon. Il traverse ainsi plusieurs paysages différents. Enfin, on voit au loin les collines familières. Il arrive au pied de la pente qui mène à la grotte. Il écoute. On entend très vaguement, au loin, la voix d'une femme qui chante. L'Homme monte lentement, avec précaution. La voix devient plus forte. L'Homme arrive devant l'entrée de la grotte. Elle n'est plus fermée, un tas de pierres éparse jonche le sol. La Femme a détruit le mur qu'elle avait construit.

Il s'approche, il écoute. La Femme chante une berceuse monotone, avec ces seuls mots : Mon amour... mon amour... mon amour...

Il entre avec précaution.

L'INTÉRIEUR DE LA GROTTE

La Femme est assise dans un coin, tout enveloppée de fourrures. Elle paraît énorme. Elle a un sourire radieux. L'Homme entre en rampant, puis se lève. La Femme arrête sa chanson.

LA FEMME

Regarde. *(Il reste immobile.)* Approche-toi! *(Il s'approche, elle entrouvre ses fourrures. Elle montre un tout petit enfant qui dort.)* Regarde. C'est un mâle.

L'homme regarde, perplexe, presque inquiet.

L'HOMME

Et c'est pour ça que tu avais fermé l'entrée?

LA FEMME

Je ne sais pas. Tout ce que j'ai pu faire, ce n'est pas moi qui l'ai fait.

L'HOMME

Tu m'as lancé des pierres.

LA FEMME

Moi?

L'HOMME

Oui. toi. *(La Femme éclate de rire gaiement.)* Et tu ris?

LA FEMME

Si je t'ai lancé des pierres, je ne sais pas pourquoi. Je ne l'ai pas fait exprès. Je ne te voyais même pas... Tu n'as pas eu de mal?

L'HOMME

Bien sûr que non.

LA FEMME

Où as-tu dormi?

L'HOMME

Dans l'arbre, en bas du vallon.

LA FEMME, *riant*

Il ne faut pas croire que je ris contre toi. Je ris parce que je ne comprends pas. Tu n'as pas eu froid?

L'HOMME

Non. Avec la neige, le froid ne mord guère...

LA FEMME, *songeuse*

C'est à la prochaine lune que les grands froids vont commencer... *(L'Homme ne répond pas. On entend téter le bébé.)* J'ai préparé ta nourriture. Là, dans ce trou.

Il plonge sa main dans un trou, il en retire de la viande sèche et des fruits secs. Il commence à manger. La Femme berce l'enfant, et chante : Mon amour... Mon amour...

L'HOMME

Ça veut dire quoi, mon amour?

LA FEMME

C'est un mot de femme... On le dit toujours aux petits enfants... Il n'y a qu'eux qui le comprennent.

Elle continue à chanter, grave, mais heureuse. L'homme casse des noix et mange en silence, vaguement inquiet.

DANS LA GROTTE DE LA TRIBU

Les hommes et les femmes sont vêtus de fourrures épaisses : des peaux d'ours, des peaux laineuses, des peaux de lions.

Au fond, dans l'ombre, il y a les femmes, avec un grand nombre d'enfants. On les devine plutôt qu'on ne les voit.

Près de la porte, il y a le Conseil des mâles. Ils sont assis en rond, et le Père, sur sa civière, parle gravement.

LE PÈRE

J'avais dit : « Il faut retourner à la pêche, parce que les grands froids vont venir. » Vous n'y êtes pas allés.

LE CHEF

J'étais blessé. Cette jambe ne me portait plus.

LE PÈRE

Le Sanglier pouvait conduire la tribu à ta place.

LE SANGLIER

Il y avait la neige : ce n'était plus la saison de la pêche.

LE PÈRE

La saison de la pêche, c'est quand on n'a plus de poissons. Et la neige, c'est la douceur de l'hiver... Vous n'êtes pas allés à la pêche et, maintenant, ce n'est plus possible parce que les grands froids sont arrivés. Les vents sont venus, la neige est partie, les rivières sont rentrées dans leur coquille et, pour aller puiser de l'eau, il faut emporter une hache. Et nous n'aurons pas de poissons cet hiver...

UN VIEILLARD

Il y a un peu de viande sèche?

LA MÈRE

Très peu. Il y en a très peu. Sept ou huit bêtes, pas très grandes... Ah! Si nous avions eu la grosse bête, comme d'habitude... Chaque année, nous avions la grosse bête. Alors la vie était facile...

LE CHEF

La chasse n'a pas réussi.

UN GUERRIER

Le vent a tourné deux fois...

UN AUTRE GUERRIER

Et puis, nous sommes venus du mauvais côté... Les mammouths nous ont sentis tout de suite. C'est eux qui nous ont fait la chasse...

LE CHEF

Il vaudrait mieux dire que je ne sais plus conduire la chasse...

LE GUERRIER

Tu n'as pas su conduire celle-là.

Un guetteur en armes entre.

LE GUETTEUR

Une étoile vient de tomber.

LE PÈRE

Loin d'ici?

LE GUETTEUR

Très loin. De l'autre côté de la rivière. L'orage est là-bas, il ne vient pas vers nous.

LE PÈRE

Il faut voir.

Le Sanglier s'avance, le prend dans ses bras. Plusieurs hommes sortent.

DEVANT LA GROTTE

Le Père, au milieu d'un groupe, regarde au loin un panache de fumée sur une crête.

LE PÈRE

Le danger n'est pas là... Au contraire... Peut-être que le Feu va faire descendre les bêtes... Nous aurons peut-être une chasse... Il faut surveiller le Feu... Rapporte-moi dans la grotte. J'ai froid. *(Ils rentrent.)*

DANS LA PETITE GROTTE

L'Homme accroupi, casse avec une pierre la glace, qui couvre la source.

La Femme, dans un coin, couverte de fourrures, berce l'enfant. Elle paraît inquiète.

L'Homme puise de l'eau dans un bol d'écorce et l'apporte à la Femme. Elle prend le bol, elle y trempe ses lèvres puis le lui rend.

LA FEMME

C'est trop froid...

L'HOMME

C'est la saison.

LA FEMME

L'enfant aussi a froid. Il est pâle... Il a maigri...

L'HOMME

C'est la saison.

LA FEMME

Moi, on ne m'a pas chassée de la tribu.

L'HOMME

Tu dis ça pourquoi?

LA FEMME

Si je voulais y revenir, j'ai le droit.

L'HOMME

Peut-être. Et puis?

LA FEMME

Si le froid continue, l'enfant va mourir... Alors, si je rentre dans la tribu, toutes les femmes sauront le réchauffer. Alors, il faut que je retourne là-bas.

L'HOMME

Et moi, je ne te verrai plus?

LA FEMME

Je reviendrai avec les beaux jours.

L'HOMME

Et moi, je resterai tout seul?

LA FEMME

Je te laisse beaucoup de provisions.

L'HOMME

Alors tu as tout préparé dans ta tête? Tu veux partir?

LA FEMME

Oui.

L'HOMME

A cause de cette petite chose toute molle, qui ne sait même pas marcher?

LA FEMME

Toi, tu sais marcher, tu es un homme. Toi, tu vivras jusqu'au printemps... Lui, le froid le tuera.

L'HOMME

Bien. Tu veux partir tout de suite?

LA FEMME

Oui. Mais je ne peux pas me décider, à cause de toi... Tu m'accompagnes jusque là-bas?

L'HOMME

Non. Si les bêtes te mangent, tant pis pour toi.

LA FEMME

Tant pis pour nous. *(L'Homme la regarde, anxieux. Soudain, il flaire l'air. Il sort, puis il rentre, joyeux.)*

L'HOMME

Tu ne partiras pas aujourd'hui. Une étoile est tombée... Il y a le Feu là-bas, sur ta route...

LA FEMME

Tu t'en aperçois maintenant? Moi, j'ai entendu le bruit de l'étoile, et depuis un moment, je sens la fumée.

L'HOMME

Tu n'en as pas parlé.

LA FEMME

Parce que je n'ose plus te parler du Feu. La dernière fois, tu m'as dit que j'étais folle et que je mentais.

L'HOMME, *sévère*

Tu ne mentais pas?

LA FEMME

Non. Je ne mentais pas. C'était vrai. Lorsque j'étais petite, j'ai vu le Feu de près, et il ne m'a pas mangée. Mais je préfère ne plus t'en parler. Tu croirais que je veux t'envoyer vers le Feu, que je te demande d'aller le chercher.

L'HOMME

Que tu le demandes, ça m'est égal. Je sais bien que je n'irai pas.

LA FEMME

Je sais. Tu me l'as dit. Tu as dit que tu avais peur.

L'HOMME

Je l'ai dit, et c'est vrai. J'ai peur du Feu, comme tous les hommes et comme toutes les bêtes... Je n'ai pas peur des loups, ni des hyènes. Je n'ai jamais eu peur à la chasse du mammouth. Mais le Feu...

LA FEMME

Le Feu, c'est naturel que tu en aies peur.

L'HOMME

Peur, non, ce n'est pas vraiment de la peur. Non. C'est un grand froid qui vous prend la tête, les poils qui se dressent sur les bras, et mes pieds qui deviennent aussi lourds que des pierres; et puis, tout à coup, mes jambes m'emportent loin du Feu...

LA FEMME

Oui, je comprends. Tu n'as pas peur...

L'HOMME

Je veux dire que dans mon cœur, je n'ai pas peur.

LA FEMME

Ce sont tes jambes qui ont peur et qui s'en vont.

L'HOMME

Oui, c'est ça.

LA FEMME

Tu n'as pas peur, mais tu es forcé de fuir, comme une biche devant un lion. *(L'Homme ne répond pas, mais il paraît perplexe.)* Pourtant, près du Feu, l'enfant pourrait vivre, et moi je ne partirais pas.

L'HOMME, *après un temps*

Si j'allais jusqu'au Feu et si je lui prenais une étoile rouge, sais-tu ce qui arriverait? L'étoile rouge mangerait le bois, et puis elle mangerait ma main.

LA FEMME

L'étoile rouge, tu pourrais la poser par terre.

L'HOMME

Alors, quand elle a mangé la branche, elle meurt.

LA FEMME

Il faut lui donner une autre branche, et elle ne mourra pas.

L'HOMME

C'est à ces bêtises que tu penses? Tu veux jouer avec les étoiles du Feu? Tu ne penses jamais aux choses importantes, tu vis dans des rêves, comme les enfants.

Elle ne répond pas. L'Homme est toujours debout, inquiet.

L'HOMME

Ce sont bien des idées de femmes. De voir mourir les hommes, ça les intéresse, ça leur plaît... Un jour, il y avait les grands froids, les ours étaient descendus des montagnes... Et dans le vallon, sous la grotte, il y avait trois de nos frères qui ont été cernés par les bêtes. Nous pouvions les voir, du haut de la falaise; mais nous ne pouvions plus les sauver : les ours étaient aussi nombreux que les arbres de la forêt... Alors, tous les hommes de la tribu ont caché leurs yeux avec leurs mains, ils se sont tournés de l'autre côté. Mais toutes les femmes sont venues en courant. Elles se sont penchées au bord de la falaise, et elles poussaient de grands cris; mais elles ouvraient les yeux de toutes leurs forces, noirs et ronds comme des prunes, et elles regardaient les ours qui déchiraient nos frères, et elles écoutaient leurs cris de rage et d'agonie. Ça les intéressait.

LA FEMME

Pourquoi dis-tu ça?

L'HOMME

Parce que toi, tu as vu que j'avais su échapper aux bêtes; que par mon esprit et ma force, j'avais tout surmonté : alors tu inventes une histoire et tu veux me faire battre contre le Feu, parce que tu sais qu'il est le plus fort... Eh bien, j'y vais.

LA FEMME

J'irai avec toi.

L'HOMME

Naturellement, si tu ne venais pas, tu ne me verrais pas mourir.

LA FEMME

Je tiendrai ta main jusqu'au bout.

L'HOMME

Et l'enfant? Cette chose que tu aimes mieux que moi?

LA FEMME

Je le laisserai dans la cachette. Il n'est pas encore trop faible. Tu peux encore le sauver. *(Elle se lève, elle sort l'enfant, le roule dans des fourrures.)*

Ici, on voit l'incendie qui galope le long d'une crête.

DANS LA GROTTE

La Femme finit de fermer avec des pierres la cachette du bébé. Puis elle se tourne vers l'Homme qui attend.

LA FEMME

Tu ne prends pas tes armes?

L'HOMME

Non, il y a un vieux proverbe dans la tribu. On le dit à propos des fous.

LA FEMME

Qu'est-ce qu'on dit à propos des fous?

L'HOMME

On dit : « Celui qui attaque le vent, la pluie ou le Feu, ce n'est pas la peine qu'il prenne des armes. » Viens, je suis prêt.

DEVANT LA GROTTE

Un vent terrible souffle. L'Homme sort, la Femme le suit. Il flaire le vent. La Femme regarde au loin la fumée qui monte, énorme, au-dessus des collines. Ils se regardent tous deux. La Femme le prend par la main. Ils partent vers l'incendie.

On les voit descendre jusqu'au fond du vallon.

Là, ils rencontrent la fumée. L'Homme s'arrête, il respire profondément et frissonne.

L'HOMME

Voilà le commencement de la peur.

LA FEMME

Reste ici un moment, pour t'habituer...

L'HOMME

Non. Toi, reste ici. J'irai tout seul.

Il la repousse, il s'élance. Il monte vers une crête. Il arrive au sommet, l'incendie est en bas, au fond du vallon. Il voit les flammes. Son poil se hérisse, il tremble, il se couche sur le sol. Il lève la tête, il regarde les flammes longuement.

La Femme surgit derrière lui. Elle est très pâle, mais elle est calme. Elle s'agenouille près de lui, elle pose sa main sur la nuque du mâle.

LA FEMME

Tu as peur?

L'HOMME

Oui, j'ai peur. Et toi?

LA FEMME

Moi, je n'ai pas peur, puisque tu es avec moi.

Elle baise sa bouche. L'Homme sourit et se lève.

L'HOMME

Cette bête est affreuse, mais elle ne fait pas ce qu'elle veut. Elle va où le vent la pousse. Moi, ce n'est pas le vent qui me commande. Je vais où je veux... Si la peur ne casse pas mes jambes, j'irai lui voler une étoile. Toi, reste ici. Tu ne peux pas m'aider. Pense à l'enfant.

Il s'en va. La femme accroupie regarde l'incendie avec des yeux trop grands. Il descend la pente vers le Feu. Il n'en est plus qu'à cent mètres. Il serre les mâchoires. La fumée l'entoure. Il cache son visage dans ses mains, il avance. Soudain, un arbre énorme éclate et lance autour de lui des traits de Feu. L'Homme reste une seconde immobile puis il s'enfuit tout à coup, pris d'une terreur de bête. Il va se cacher derrière une grosse pierre, à l'ombre du feu. Il s'assoit, parce que ses jambes se dérobent. Son visage est trempé de sueur, sa respiration est rapide et saccadée. Il commence à frotter ses membres et sa poitrine avec une poignée d'herbes. La Femme surgit à travers la fumée, elle se jette à ses pieds.

LA FEMME

Non, non... Ce n'est pas possible... Il ne faut pas... Viens, partons... Viens...

L'HOMME

Si tu n'étais pas venue, je n'aurais pas pu. Mais puisque tu es là, je vais le chercher.

LA FEMME

Non, non... Vois-tu, c'était un désir de femme... Tu sais bien que les femmes n'ont pas de raison... Je ne veux pas... Je tremble. Emporte-moi... Retournons vers l'enfant... Viens. Tu as peur, toi aussi...

L'HOMME

Oui, j'ai peur, mais j'irai le chercher... C'est une peur plus grande que la peur... C'est ma tête qui se vide, et mes jambes qui veulent partir. Je tremble comme une herbe au vent... Ma peau me fait mal... Mes os sont trop lourds. Mais je veux, je veux, j'irai le prendre avec ma main. *(Il se lève. Elle s'accroche à lui.)*

LA FEMME

Non, non... Tu vas mourir. Je ne veux pas. Tu ne vas pas mourir, toi, mon amour?

L'HOMME

A moi aussi, tu dis ce mot?

LA FEMME

Toi, mon amour... Il ne faut pas...

L'HOMME

Il faut essayer, mon amour.

L'Homme se lève, il regarde le Feu. Il essaie d'en faire le tour pour l'attaquer par-derrière, comme si c'était une bête. Sur sa route, il y a un creux plein d'eau, au pied d'un rocher.

Il se jette à plat ventre, il boit à longs traits, puis il baigne ses bras, sa poitrine et son visage. Peu à peu, il se rapproche du Feu. Soudain, un buisson, assez près de lui, d'un seul coup se couronne de flammes. Il tressaille, il va fuir de nouveau. On entend, au loin, un long cri de femme : il se maîtrise. Il dit plusieurs fois : Mon amour... Mon amour... *Il reprend sa marche.*

Pas à pas, il avance vers le Feu. Le fracas de l'incendie l'entoure d'un immense grondement. Sur sa figure ravagée par une peur surhumaine, des larmes coulent. Il avance toujours. Le buisson crépite et se tord. Alors une plainte monotone, un long cri d'horreur et de désespoir sort de sa bouche ouverte. Il grelotte, il claque des dents. Il avance toujours. Près du buisson, des branches mortes ont pris feu. Il se jette à genoux, il rampe en gémissant sa plainte et sa peur. Enfin, il saisit une branche par l'extrémité qui ne brûle pas. Il la tire à lui, en reculant, lentement. La branche brûle en crépitant. Il recule encore. Il est maintenant assez loin du buisson enflammé! Il saisit la branche à pleines mains, et l'élève au-dessus de sa tête en la tenant loin de lui. Il la regarde et, tout à coup, il pousse un éclat de rire sauvage et s'en va lentement, tremblant d'une peur triomphale, vers sa femelle.

Elle l'attend auprès du rocher; à mesure qu'il s'avance, elle a peur, elle fuit devant lui. Il rit. Il l'appelle.

L'HOMME

Regarde, n'aie pas peur! J'ai gagné! Approche-toi. Regarde. *(Il élève la branche morte qui flambe et crépite.)* Il ne te fera pas de mal si tu ne le touches pas.

LA FEMME

Toi, est-ce que je puis te toucher?

L'HOMME

Oui, mon amour.

Elle s'approche, craintive, de l'autre côté du Feu. Ils s'en vont, sous la flamme que l'Homme élève au-dessus de sa tête, et s'enfoncent dans la forêt.

DANS LA GROTTE

L'Homme entre le premier. Il porte la branche à la main, et la flamme éclaire la grotte, puis la Femme porte des branches mortes.

LA FEMME

Où allons-nous le mettre?

L'HOMME

Dans un coin, pour qu'il ne s'échappe pas... Mets les branches toutes ensemble...

Elle casse des branches, elle les entasse dans un coin. Il pose le Feu sous les branches et recule, craintif. La flamme crépite, puis s'élève.

LA FEMME

Son haleine va nous étouffer.

L'HOMME

Non, il y a un trou là-haut. Elle peut sortir dans le ciel.

A mesure que le Feu grandit, ils ont peur. Ils reculent, ils attendent. Ils regardent danser la flamme. Peu à peu, ils se rassurent, ils s'approchent. La Femme, peureuse, se serre près du mâle.

L'HOMME

Nous avons l'été dans notre maison.

LA FEMME

Est-ce que je peux lui montrer l'enfant?

L'HOMME

Oui, bien sûr.

LA FEMME

Il ne va pas bondir sur lui?

L'HOMME

Non. Je suis là. Il a peur de moi.

Elle va chercher l'enfant. Elle l'étend sur des fourrures, devant la flamme. Soudain, elle pousse un cri.

LA FEMME

Regarde! Il nous fait des ombres, comme le soleil.

L'HOMME

Oui, comme le soleil, parce que c'est un morceau du soleil... Et pourtant, au-dehors, dans le vent, il y a la nuit qui s'approche...

LA FEMME

Elle n'osera plus rentrer ici... Maintenant, il n'y a plus de nuit. *(Elle regarde, pensive, danser les flammes, et elle répète.)* Il n'y a plus de nuit... Il n'y a plus de nuit...

TROISIÈME PARTIE

LA PATRIE

C'EST AU DÉBUT DE L'ÉTÉ

L'Homme est à la chasse. En se cachant, il court d'un arbre à l'autre, armé de la hache et du javelot. Soudain il s'arrête, il écoute, il flaire. Il s'avance sans bruit, se glisse dans un fourré et regarde. Il sourit et pousse un cri d'appel de la tribu. Un cri semblable lui répond. On découvre, au fond du vallon, le Sanglier. Il chasse, lui aussi.

L'HOMME

Salut, frère!

LE SANGLIER

Salut, frère... Je suis content que tu ne sois pas mort!

L'HOMME, *fier*

La Fille non plus n'est pas morte. Et même elle a fait un garçon!

LE SANGLIER

Ne t'approche pas : la Loi défend de te toucher. Je dois te lancer des pierres.

Il ramasse quelques pierres. L'Homme attend, immobile. Le Sanglier lance des pierres, mais il ne veut pas atteindre l'Homme, qui sourit. A la troisième pierre, le Sanglier s'arrête; l'Homme s'élance vers lui et le serre dans ses bras avec une grande émotion. Le Sanglier, qui respire avec force, caresse les cheveux du frère retrouvé. Il grogne et le flaire, comme une bête heureuse. Puis ils vont s'asseoir au pied d'un arbre, l'un en face de l'autre, et se regardent longuement.

LE SANGLIER

Comment as-tu fait pour vivre tout seul?

L'HOMME

La Fille sait trouver les fruits et les racines, et moi je chasse le petit gibier. Et puis, j'ai trouvé un grand secret.

LE SANGLIER

Ne me le dis pas... Moi, je n'aime pas les secrets des autres. Et puis, si tu me le racontais, je serais forcé de le répéter ce soir à la tribu...

L'HOMME, *songeur*

Oui, c'est vrai. Je ne le dirai pas. J'ai une grande envie, mais je ne le dirai pas encore...

LE SANGLIER

Tu as l'air fort.

L'HOMME

Je suis plus fort qu'autrefois, parce que je suis très heureux. Et toi?

LE SANGLIER

Moi aussi. Mais je serais plus heureux si tu pouvais revenir avec nous... Malheureusement, ce n'est pas possible...

L'HOMME

Parle-moi de la tribu.

LE SANGLIER

Oh, il y a beaucoup de choses à dire...

L'HOMME

Dis-les moi toutes.

LE SANGLIER

D'abord, le Chef se fait vieux. Figure-toi que nous avons fait la chasse au mammouth...

LE SOIR DANS LA CAVERNE

Le Feu brûle. La Femme agenouillée sur des fourrures nettoie l'enfant et le frictionne avec des herbes. Elle paraît inquiète. Elle sort devant la caverne. Elle écoute, elle regarde au loin. Elle rentre, elle continue à s'occuper de l'enfant.

AU FLANC D'UNE COLLINE ARIDE

Le soir tombe. L'Homme porte une biche sur le cou. Il rentre à pas lents. De temps en temps il se retourne, pensif, et regarde au loin.

DANS LA CAVERNE

Le Feu brûle toujours. La Femme agenouillée continue ses soins à l'enfant. Elle sourit. Elle a entendu un pas. L'Homme entre. Il traîne la biche, qu'il jette dans un coin. Elle le regarde faire sans mot dire et sans interrompre sa besogne. Il s'assoit devant le Feu, et, pensif, regarde les flammes.

LA FEMME

Tu es blessé?

L'HOMME

Non. Pourquoi?

LA FEMME

Je ne sais pas. Tu regardes comme un blessé.

L'HOMME

J'ai vu le Sanglier.

LA FEMME

Tu l'as vu de loin?

L'HOMME

Non. Il m'a parlé.

LA FEMME

Longtemps?

L'HOMME

Longtemps. C'est lui qui m'a donné la biche.

LA FEMME

Tu lui as dit que tu es maître du Feu?

L'HOMME

Non. Il aurait été forcé de le dire aux autres. Alors j'ai gardé le secret.

LA FEMME

Tu as bien fait. Tu lui as demandé des nouvelles de ma mère.

L'HOMME

Oui. Elle mange bien, elle dort bien. Elle parle

souvent de toi. Elle croit que tu es morte par ma faute.

LA FEMME

Le Sanglier dira que nous sommes vivants?

L'HOMME

Il le dira.

LA FEMME

Ainsi, elle saura que je l'aime encore. Elle va peut-être venir...

L'HOMME

Qu'elle vienne.

LA FEMME

Tu permettrais?

L'HOMME

Pour la faire asseoir devant notre Feu, j'apporterais la pierre la plus douce de la montagne. Celle que j'aurais choisie pour ma mère.

La Femme se lève, elle l'embrasse violemment à plusieurs reprises. L'Homme la repousse doucement.

LA FEMME

Tu lui as parlé de l'enfant?

L'HOMME

Je lui en ai parlé.

LA FEMME

Tu lui as dit comme il est beau?

L'HOMME

Non, ça, je ne l'ai pas dit.

LA FEMME

J'aurais aimé que ma mère le sache... Elle serait venue à cause de lui. *(Elle a plié l'enfant dans une peau de bête et elle va le déposer dans sa cachette. Elle revient, pensive, s'allonger près du Feu.)*

LA FEMME

Et puis?

L'HOMME

Il m'a dit que les enfants de cette année étaient très beaux.

LA FEMME

On dit ça chaque année. Il y a beaucoup de mâles?

L'HOMME

Non. Il y a beaucoup de filles.

LA FEMME

Nous, nous avons fait un homme.

L'HOMME

Ton amie, la Fleur des Eaux, celle qui nage si vite, elle en a fait un, elle aussi.

LA FEMME

Je voudrais le voir à côté du mien! Et la grande fille des cheveux rouges? Elle a un garçon, elle aussi?

L'HOMME

Non. Une fille.

LA FEMME

Oh, tant mieux! C'est bien fait! Je suis sûre que cette fille sera aussi méchante qu'elle!

L'HOMME

Le vieux qui taille les pierres, celui des Beaux-Yeux, il a trouvé des silex d'une finesse qu'on n'avait jamais vue... Il a fait des outils merveilleux... *(D'un petit sac qu'il porte autour du cou, il tire une poignée de silex. Il y a un grattoir et quelques pointes de javelot. Il les lui montre, au creux de ses deux mains, avec une véritable émotion.)*

LA FEMME

Je peux les toucher?

L'HOMME

Approche tes mains. *(Elle met ses mains en coupe, il y dépose les pauvres pierres qui sont la richesse des hommes. Elle les regarde longtemps.)* Voilà des armes...

LA FEMME

Voilà la Mort des Bêtes, et la Vie des Hommes. Et c'est un faible vieillard de notre race qui a fait ça, avec ses beaux yeux et sa patience...

L'HOMME

Il en a fait pour toute la tribu... C'est le Sanglier, mon frère, qui m'a donné les siennes.

LA FEMME

S'il revient un jour, je lui montrerai mon enfant.

Un silence. L'Homme replace les pierres dans le petit sac de peau velue.

LA FEMME

Et les femmes, que font-elles? Que disent-elles?

L'HOMME

Elles ont fait une chose étonnante. Elles ont refusé d'aller chercher l'eau!

LA FEMME

Ça, ce n'est pas bien. C'est contre la Loi.

L'HOMME

Il y avait une raison... Depuis deux lunes, la pluie n'est pas tombée. Alors les bêtes remontent vers les sources. La vieille mère a dit : « S'il y a du danger pour aller chercher l'eau, ça devient le travail des hommes. » Je sais bien que les femmes n'ont jamais raison. Mais là, elles n'avaient pas tort.

LA FEMME

Non, elles n'avaient pas tort... Mais tout de même... L'eau, c'est à nous. Les femmes doivent faire boire les hommes. Le lait, quand ils sont petits; quand ils sont grands, l'eau des autres sources. Moi, c'est ce qu'on m'a appris.

L'HOMME

Tu as raison. Si j'avais été le Chef, j'aurais dit : « Les femmes iront à l'eau, mais les hommes marcheront devant. »

LA FEMME

C'est comme ça qu'il fallait faire. Toi, tu as toutes les idées... Et puis? Parle encore.

L'HOMME

Le Boiteux s'est cassé l'autre jambe. Ça s'est arrangé, mais un peu tordu... Il va rester avec les vieillards, à tresser les paniers, à pétrir l'argile...

LA FEMME

Il était gentil, le Boiteux... Souvent, il venait aider les femmes...

L'HOMME

Il est encore utile, puisqu'il fait des paniers. Le fils de la vieille noire a pris un lézard volant. Il était deux fois plus grand qu'un homme. Il l'a tué pendant qu'il dormait dans une grotte. On l'a mangé : ce n'est pas bon. Mais le cuir est très bon pour faire des liens. J'aimerais bien en tuer un.

LA FEMME

Et puis?

L'HOMME

Et puis, le Vieux des Haches, je t'ai dit qu'il voulait mourir dans la tribu. Eh bien, il a eu de la chance. Il a réussi. Le jour qu'il m'a quitté, il a cueilli beaucoup de haches, et puis il est descendu. Au moment où il arrivait, la grande fatigue l'a tué. Il est tombé à l'entrée de la grotte, il est mort caché sous les haches. On lui a fait sa tombe au fond de la caverne, et ils ont planté une pierre droite, comme pour un chef.

LA FEMME

C'était un chef. Et puis?

L'HOMME

L'Homme qui Chante a voulu attaquer un lion. Il a perdu la moitié du visage. Mais ça ne saigne plus, et il chante toujours... chante toujours...

LA FEMME

Alors, tu lui as parlé de tout le monde?

L'HOMME

Oui.

LA FEMME

Pourquoi?

L'HOMME

Je ne sais pas. Je voulais des nouvelles.

LA FEMME

Pourquoi?

L'HOMME, *brusquement*

Et toi, pourquoi es-tu là à poser des questions, avec des yeux qui luisent? Tu ne m'as rien donné à manger! *(Comme elle bondit sur ses pieds, il la retient.)* Ce n'est pas la peine. Je n'ai pas faim. Mais toi, tu peux manger...

LA FEMME

Je n'ai pas faim non plus. Pas ce soir.

L'HOMME

Pourquoi?

LA FEMME

Maintenant, toute la tribu est dans ma tête.

L'HOMME

Tu n'y pensais jamais, avant?

LA FEMME, *humble*

Quelquefois, la nuit.

L'HOMME, *les yeux baissés*

Moi aussi. *(Un temps.)* Pourtant, nous sommes très heureux.

LA FEMME

Oui, mais nous sommes seuls à le savoir. Cet enfant merveilleux, personne ne l'a vu... Et toi, tu es le maître du Feu, et tu ne peux le dire à personne...

L'HOMME

Alors, tu ne peux pas vivre sans eux?

LA FEMME

Je peux vivre et je suis heureuse. Mais, souvent, je les cherche et ma tête s'en va là-bas, près de l'arbre penché qui trempe dans la source... Et tout ce que j'ai dans l'esprit, je voudrais le dire aux autres femmes.

L'HOMME

Ça, c'est vrai. Parce que, souvent, tu me parles

tellement que tu me fatigues plus qu'un jour de chasse...

LA FEMME

Et pourtant, je ne te dis pas tout. Je me retiens.

Un temps. La Femme met du bois au Feu.

LA FEMME

Et puis? Dis-moi encore des choses de la tribu... Tu en sais encore, mais je vois bien que tu ne veux pas les dire... Parle encore...

L'HOMME

Le Chef, tout d'un coup, est devenu vieux... Son nez, ses yeux et ses oreilles ne valent plus rien... On a fait la chasse au mammouth... Il n'a pas senti que le vent tournait... Cinq hommes sont morts, les mammouths sont partis...

LA FEMME

Si les froids viennent vite, ils n'auront pas de viande sèche... C'est le mammouth qui nourrit la tribu...

L'HOMME

Après, ils ont fait la grande pêche d'automne, pendant toute une lune, dans la rivière des Eaux-Froides... La rivière était basse, ils n'ont pas pris autant de poissons que nous deux...

LA FEMME

Si les froids durent longtemps, les vieux et les femmes vont mourir... C'est toi qui devrais être le Chef de la tribu...

L'HOMME

Tu parles comme le Sanglier.

LA FEMME

Il te l'a dit?

L'HOMME

Le Père l'a fait appeler, il lui a dit que bientôt il lui donnerait la place du Chef. Le Sanglier a peur. Il m'a dit : « J'ai la tête trop lourde pour être le Chef... Celui qu'il nous faudrait, c'est toi. »

LA FEMME

Alors, il faut y aller. Il faut leur apporter le Feu. Il faut les sauver...

L'Homme, de la tête, dit non mélancoliquement.

LA FEMME

A cause de la vengeance, tu vas laisser mourir notre race? Puisque le Sanglier est venu te chercher, tu dois oublier l'injure...

L'HOMME

Il n'est pas venu me chercher. Il m'a dit : « C'est toi qu'il nous faudrait, malheureusement c'est impossible. »

LA FEMME

Pourquoi?

L'HOMME

Il m'a dit : « Quand ils t'ont chassé, ils croyaient que tu allais revenir et pendant trois jours, en haut du rocher, ils t'ont attendu avec des pierres pour te tuer, parce que c'est la Loi. »

LA FEMME

Il y a bien longtemps que nous sommes partis. Et puis, qui oserait lancer des pierres à celui qui rapporte le Feu?

L'HOMME

Ils auraient une peur si grande que, par bêtise, ils me tueraient... Et toi, et aussi notre enfant.

LA FEMME

Ils tueraient l'enfant?

L'HOMME

Le Sanglier me l'a dit : c'est la Loi.

LA FEMME, *brusquement furieuse*

Alors, que la Loi les nourrisse, puisqu'elle est si belle et si forte! Jamais plus je n'aurai pour eux une pensée, je veux les tuer jusque dans mes rêves! Qu'ils crèvent tous!

L'HOMME

Tu dis des paroles mauvaises...

LA FEMME

Qu'ils crèvent dans la grotte noire. Cette grotte qu'ils n'ont jamais vue, parce que le soleil n'y va pas... Qu'ils crèvent durcis par le froid, avec les grimaces de la faim...

L'HOMME

Et ta mère?

LA FEMME

Ma mère est rusée... Elle sait cacher de la nourriture et la garder pour elle seule... Je connais sa cachette, moi... Je sais bien qu'elle est toujours pleine.

L'HOMME

Tu sais aussi que c'est un crime de cacher de la nourriture...

LA FEMME

Tant mieux... Je suis contente qu'elle fasse des crimes contre cette Loi d'assassins...

L'HOMME

Tu ne dois pas dire des choses pareilles... Il ne faut pas parler contre la Loi de notre race...

LA FEMME

Tu les appelles notre race, moi je les appelle des brutes. Ils nous ont chassés, ils voulaient notre mort, et maintenant nous sommes trois. Et chaque fois que les fleurs reviendront, moi, je te donnerai un autre enfant, et puis un autre, et puis un autre, des enfants maîtres du Feu... Et puis, nous n'avons plus besoin de la tribu : Le Feu les a tous remplacés! Il sait cuire la viande mieux que le soleil; il nous protège mieux que les guerriers, il a la chaleur mieux que le troupeau... Il donne une lumière plus douce que le jour. Non, nous n'avons plus besoin d'eux! Nous n'avons plus besoin de ces bêtes errantes, qui ne savent pas l'amitié du Feu! *(Elle est allée prendre l'enfant. Elle vient se blottir près de son mâle.)*

LA FEMME

Nous avons fait la nouvelle tribu... Tous les trois... Tous les trois...

L'HOMME, *il montre le Feu*

Tous les quatre. *(Il regarde, pensif, la flamme qui danse.)* Les autres, nous n'en parlerons plus jamais...

LA FEMME

Plus jamais.

L'HOMME

Tu pleures? *(Elle ne répond pas.)* Pourquoi?

LA FEMME

J'ai mal.

DANS LA GROTTE

Près de l'entrée, les hommes, pleins d'angoisse, regardent vers l'extérieur. Ils sont hâves, amaigris, exténués. On entend des hurlements affreux de bêtes, des roucoulements menaçants.

Soudain, la horde entière recule d'un seul mouvement. Un homme bondit dans la grotte. Derrière lui, une gueule énorme frappe contre les roches qui bornent l'entrée, mais elle ne peut pas passer. Elle est trop grosse.

On voit des dents, une langue épaisse. On entend un souffle puissant et un ronflement monstrueux. L'homme qui est entré s'est laissé tomber à terre. Il est blessé à l'épaule, il saigne. La tribu s'approche de lui. C'est le Sanglier.

LE SANGLIER

Ce n'est pas possible. Les bêtes sont partout... La forêt est pleine de bêtes, jusqu'au ruisseau. Personne ne pourra passer jusqu'à l'eau. *(La grotte est pleine de gémissements. Il y a des morts et des mourants.)*

LE CHEF

Si la pluie tombait, la crevasse coulerait...

LE PÈRE

Mais la pluie ne tombera pas, et la race va disparaître... Quelles sont les bêtes que tu as vues?

LE SANGLIER

Toutes celles que je connais, et d'autres que je ne connais pas.

LE PÈRE

J'ai entendu les mammouths...

LE SANGLIER

Je crois qu'ils sont dans la source : ils empêchent les autres d'approcher... Il y a les lions, les ours, les tigres. Et puis la grande Bête des marais, la Bête Longue, celle qui m'a poursuivi...

UN VIEILLARD

Pourquoi sont-elles montées jusqu'ici?

LE PÈRE

La soif les a chassées des plaines... Elles ont remonté le dernier ruisseau...

UN AUTRE VIEILLARD

Elles sont ici à cause de l'eau...

UN AUTRE VIEILLARD

Nous allons mourir à cause de l'eau...

LA MÈRE

On ne pourra pas sauver les enfants?

LE PÈRE

La pluie seule peut les sauver.

LA MÈRE

Tu as dit que la pluie ne viendra pas.

LE PÈRE

Je peux me tromper.

LE CHEF

On peut encore essayer quelque chose... Plus haut que nous, dans la montagne, au fond de la crevasse des renards, il y a une source qui coule goutte à goutte et qui ne s'arrête jamais... *(Toute la tribu s'est rassemblée autour de lui.)* Alors, j'ai pensé que le Sanglier pourrait sortir par la fente du fond de la grotte, celle qui s'ouvre là-haut...

LE SANGLIER

Les bêtes sont aussi sur la grotte. Il y a les hyènes et les loups...

LE CHEF

Je sais. Mais je prendrai quelques hommes, et nous sortirons par-devant pour la dernière bataille... Pendant que les bêtes nous tueront, tu pourras peut-être arriver jusqu'au trou des renards...

LE SANGLIER

Même si je passe et si je trouve l'eau, je ne pourrai pas revenir.

LE PÈRE

En tout cas, tu seras sauvé... Et peut-être, tu pourras attendre le soir dans un arbre... Et peut-être, caché par la nuit, tu pourras revenir nous rapporter la vie...

LES FEMMES

Oui, tu reviendras... Reviens... Reviens, Sanglier... Nous n'avons plus de lait, les enfants vont mourir...

LE PÈRE

La lune doit paraître au milieu de la nuit : reviens avant elle!

LE CHEF

Que les plus vieux prennent les armes. Je marcherai le premier.

LE VIEILLARD

Voici la dernière goutte d'eau. Je la gardais pour les enfants. Elle est pour toi, Sanglier, car tu as besoin de toutes tes forces... Bois. *(Tous le regardent boire avec des yeux sanglants, des lèvres serrées. Une femme lui arrache la gourde vide et lèche les dernières gouttes en gémissant. La mère rattache l'outre aux flancs du Sanglier.)*

LE CHEF, *au Sanglier*

Monte dans la crevasse.

La tribu chante un chœur qui est une prière désespérée. Le Sanglier, au fond de la grotte, grimpe dans la fente des rochers.

Tu es prêt?

LE SANGLIER

Je suis prêt.

Le Chef ôte son collier de chef et va le remettre aux mains du Père.

LE CHEF

Père, voici le collier du Chef : il doit rester avec les vivants. *(Il se tourne vers la tribu.)* Adieu à tous.

Il sort, suivi d'une dizaine d'hommes. Après un grand silence, on entend au loin un barrissement, puis un galop pesant et un piétinement confus. On entend claquer des branches brisées. Les loups hurlent à la mort. Dans l'ombre, la tribu chante toujours.

LA SORTIE DE LA CREVASSE

Les loups et les hyènes s'élancent brusquement vers le bruit de la bataille. Alors, d'un trou entre deux roches, le Sanglier jaillit et s'enfuit.

DEVANT LA GROTTE

Armés de couteaux de silex, l'Homme et la Femme dépouillent en silence un cerf aux bois immenses. Soudain, ils dressent l'oreille, ils écoutent.

LA FEMME

L'appel de la tribu...

Ils attendent. Le cri retentit de nouveau. Il est plus près.

L'HOMME

C'est le Sanglier. Il est en détresse.

L'Homme pousse à son tour le cri de la tribu, prend ses armes et s'élance. La Femme rentre dans la grotte, où nous la suivons. Elle rallume le Feu. Elle va prendre l'enfant dans son berceau de rocher. L'Homme entre.

L'HOMME

La tribu est cernée par les bêtes. Ils n'ont plus d'eau. Ils sont perdus. *(Il se retourne et crie.)* Entre!

Le Sanglier entre à quatre pattes, la tête baissée. Soudain, il lève des yeux effarés et bondit en arrière.

LE SANGLIER

Le Feu!

LA FEMME

N'aie pas peur : il est à nous. Entre!

LE SANGLIER, *hébété*

Le Feu... *(Il a les épaules couvertes de sang et striées de blessures parallèles faites par des griffes.)*

L'HOMME

Entre. Le Feu est notre ami. Il sera le tien.

L'Homme le prend par le bras et le force à entrer dans la grotte. La Femme saisit un brandon et le tend vers le Sanglier.

LA FEMME

Regarde! Je le tiens dans ma main... *(Le Sanglier*

bondit en arrière. Le poil hérissé, l'œil fou, il grogne sourdement.)

LE SANGLIER

Ne t'approche pas... Non, non... Je suis blessé, je n'ai plus de force... *(Il bondit et s'accroche à la paroi, comme un singe. La Femme rit, et jette le brandon dans le foyer.)*

LA FEMME

Tu as peur comme une bête, mais, ici, nous ne sommes plus des bêtes... Viens, frère, assieds-toi.

Elle le fait asseoir sur une pierre. Il regarde toujours le Feu et tremble. L'Homme Pâle lui apporte un bol d'écorce plein d'eau. Il boit avidement.

LE SANGLIER

Frère, assieds-toi devant moi. *(Il montre le Feu.)* Il me regarde, et j'ai peur.

L'HOMME PÂLE

Ne crains rien de lui. Il est à moi. *(La femme apporte de la viande sèche et des fruits.)*

LA FEMME

Mange. Nous avons des provisions pour tout l'hiver.

Le Sanglier, toujours effrayé, va s'asseoir loin du Feu. Il boit, il mange en silence. Mais, à chaque étincelle, il tressaille et, quand le Feu crépite, il est prêt à fuir. Après un temps, la Femme parle.

LA FEMME

Alors la tribu qui voulait nous tuer va mourir?

LE SANGLIER

Demain, tous seront morts.

L'HOMME PÂLE

Alors, elle n'est pas encore morte, mais elle a vu son dernier jour.

LE SANGLIER

On ne peut rien faire. Tout est perdu. *(Il mange, mais le sommeil commence à le gagner.)*

L'HOMME PÂLE

Non.

LE SANGLIER

C'est moi qui te le dis. J'ai vu.

L'HOMME PÂLE

Moi, je peux les sauver.

LE SANGLIER

Toi? *(Il rit doucement, il ferme les yeux.)*

L'HOMME, *il s'avance, fervent*

Écoute, Sanglier, écoute...

Mais le Sanglier n'écoute plus. Il s'est endormi. L'Homme regarde les blessures qui saignent toujours.

L'HOMME, *à la femme*

Il dort. Occupe-toi de lui. Moi, je vais préparer les branches de Feu. Et cette nuit, à tous ceux de notre race, nous leur donnerons l'eau de cette source, de la source de notre enfance, celle que j'ai bue avant de partir pour l'exil, et que je boirai tout à l'heure, après mes frères, moi, le plus humble et le dernier.

Avec sa hache de pierre, il taille des torches. Elle prend un lambeau d'une peau de bête, elle le trempe dans la source et, comme une sœur, elle lave doucement les plaies.

DANS LA GROTTE DE LA TRIBU

Toute la tribu est assemblée auprès du vieillard. Ils ont des visages de moribonds. On entend , dans la nuit, des râles.

LE PÈRE

Maintenant, c'est fini, il ne reviendra plus. La lune s'est levée, les bêtes le verront : c'est trop tard.

UN VIEILLARD

Il est déjà mort...

Soudain, une femme qui guettait à la porte crie.

LA FEMME

Une étoile est tombée sur la montagne!

LE PÈRE

Si le vent se lève et souffle vers nous, nous sommes peut-être sauvés...

Tous se massent devant l'entrée. On entend rugir les bêtes.

LE CHEF, *il est étendu affreusement blessé*

Si le Feu attaque les bêtes, les enfants vivront.

SUR LA CRÊTE D'UNE COLLINE

L'Homme marche le premier, il brandit une torche allumée. Derrière lui, le Sanglier porte l'outre vide. C'est la femme qui ferme la marche. L'enfant est pendu à son épaule, dans une sorte de bissac de fourrures. De la main droite, elle élève au-dessus de sa tête une haute flamme qui crépite au bout d'une branche de bois résineux.

DANS LA GROTTE DE LA TRIBU

UNE FEMME

L'étoile s'avance vers nous...

UN VIEILLARD

Pourtant, elle ne grandit pas...

UNE FEMME

Elle ne pourra pas traverser le ruisseau...

UN HOMME

Elle l'a déja traversé !

UN HOMME

On dirait qu'elle suit le chemin des hommes. Elle est arrêtée au milieu du gué... *(On voit au loin la flamme immobile. On entend hurler les bêtes, et de puissants galops sur des éboulis.)*

AU GUÉ DU RUISSEAU

A la lueur des torches, le Sanglier achève de remplir l'outre et la charge sur son dos : le cortège suit le sentier de la forêt, entouré de cris de bêtes et de fuites fracassantes.

LE PÈRE

Quelle est cette étoile nouvelle qui traverse les ruisseaux?

Soudain, une femme crie.

UNE FEMME

C'est un homme qui porte l'étoile! C'est l'Homme Pâle que vous avez chassé!

UN VIEILLARD

Il revient avec sa vengeance...

On entend le cri d'appel de la tribu.

LE PÈRE

Il est avec le Sanglier...

Les appels et les pas se rapprochent. Toutes les femmes et beaucoup d'hommes reculent en désordre vers le fond de la grotte. Sur le seuil, la flamme paraît. On entend des cris de terreur. Le Père se jette à genoux pendant que l'Homme s'avance, la flamme au poing.

LE PÈRE

La soif et les bêtes ont tué beaucoup d'hommes. Ne tue pas les derniers...

L'HOMME

Père, voici l'Eau.

Le Sanglier vide l'outre dans le grand pot d'argile. La Femme l'éclaire avec sa torche. On entend l'eau qui coule, et des gémissements de désir. Plusieurs, en se traînant, essaient d'approcher : mais la vue du Feu les arrête, glacés de terreur. Alors, la Femme s'éloigne de quelques pas, et c'est la ruée.

LA FEMME

Il faut du bois noir pour nourrir la flamme...

L'HOMME, *au Sanglier*

Viens! *(Ils sortent. L'Homme marche le premier, avec sa torche. La Femme se tourne vers le fond de la grotte. Elle appelle.)*

LA FEMME

Est-ce que ma mère vit toujours? *(La voix de la mère sort de l'ombre.)*

LA MÈRE

Oui, mais la soif me tue, et j'ai peur du Feu...

LA FEMME

Approche-toi, ma mère, et ne crains rien!

Elle remplit d'eau un pot d'écorce et fait quelques pas vers le fond de la grotte. Il y a un groupe de femmes craintives. La mère se détache du groupe, et elle s'avance, éblouie. La jeune femme lui donne le pot d'écorce. Elle boit longuement dans la lumière de la flamme que sa fille dresse vers les stalactites du plafond.

LA MÈRE

Maintenant, je sais que j'allais mourir. Tu m'as rendu la vie.

LA FEMME

Tu me l'avais donnée. Et moi, je l'ai déjà rendue : regarde.

Elle pique sa torche dans le sol. Puis elle prend l'enfant et le tend à sa mère. La mère s'approche, tremblante. Elle prend à son tour le petit enfant, qui s'éveille et qui crie. Elle s'enfuit, l'enfant dans ses bras, et elle va le bercer dans un coin de la grotte. Ceux qui ont bu s'éloignent, eux aussi; les yeux clignotants, effarés, ils regardent l'Homme Pâle et le Sanglier, qui viennent de rentrer, chargés de bois mort.

Les deux hommes cassent les branches. La Fille s'approche, elle s'agenouille et elle prépare le premier Feu de la tribu.

LE PÈRE

Que vas-tu faire? J'ose à peine parler devant toi. Mais il me semble que si tu nourris le Feu, c'est nous tous qu'il va dévorer...

LA FEMME

Père, je le connais... Il sait que je l'aime, et il m'obéit. Il ne sortira pas de ces pierres... *(Elle crie.)* Apportez les enfants!

Elle plonge la torche dans les brindilles sèches qui se mettent à crépiter. La première, sa mère rapporte l'enfant et le place devant le Feu. Peu à peu, le cercle va se former. Il y aura toute la tribu autour du premier Feu des Hommes. Le Chef mourant se traîne vers l'Homme Pâle, qui va vers lui et lui donne à boire.

LE CHEF

Tu as sauvé la tribu... Moi, je n'ai pas su... Pour la force, les bêtes sont plus fortes. Je n'ai pas su mener la chasse aux mammouths... Il faudra que tu sois plus fort que la faim.

L'HOMME PÂLE

Je serai plus fort.

LE CHEF

Toi, tu portes le Feu dans ta main. Tu peux tout faire. Tu es plus qu'un homme. Moi, je n'ai pas su mener la chasse aux mammouths... Pourtant, sur la terre qui me couvrira, il faudra mettre la pierre des Chefs.

L'HOMME PÂLE

On la mettra.

LE CHEF

Et dans la pierre, il faut graver des griffes d'ours... Quand j'étais jeune, je tuais des ours. On m'appelait l'Ours, quand j'étais jeune. L'Ours, c'était moi... Quand j'étais jeune. *(Il meurt.)*

L'HOMME PÂLE

Le Chef est mort.

LE PÈRE

C'est toi qui dois prendre sa place... *(Aux hommes.)* Le Chef est mort.

Les hommes prennent le corps et l'étendent sur une table de pierre. L'Homme Pâle s'assoit auprès du Père. La Fille accourt et s'assoit près de lui.

LE PÈRE, *inquiet*

Tu lui donnes une place parmi les hommes?

L'HOMME PÂLE

Elle est ma force et mon courage. C'est pour elle que j'ai ramassé les étoiles : je lui dois ma vie, et le Feu.

LA FEMME

Il ne faudra pas le laisser mourir. Il faudra que les femmes le surveillent, il faudra qu'elles le nourrissent, et il faut que ce soient les femmes, parce que le Feu, c'est un enfant... Il est capricieux, comme les enfants... Il danse toute la journée, il raconte des histoires rouges et qui ne finissent jamais... Et regardez, comme il est docile! *(Elle a pris une torche et se dresse derrière le Père qui regarde le brasier.)* Que regardes-tu, Père?

LE PÈRE

Moi aussi, j'y vois des histoires... Et je vais peut-être mourir, parce que je vois à travers les saisons... Combien d'hommes! Ils sont plus nombreux que les fourmis... Ils n'ont plus la peur dans les yeux... Il y aura tant de choses... Tant de choses...

On entend au lointain un coup de sifflet. L'ombre d'une locomotive traverse le Feu, le vieillard tressaille. On entend le grondement d'un avion, et sa silhouette traverse les flammes. Une énorme cheminée d'usine se dresse dans la grotte. Un paquebot géant s'avance sur la mer.

LA FEMME

Père, que vois-tu?

Dans le Feu, un navire saute en pleine mer. Une mitrailleuse crépite. Un Stuka pique et lâche une bombe. Le vieillard cache ses yeux de sa main.

LE PÈRE

C'est une si grande puissance... La force qui vient des étoiles... Elles voudront peut-être se venger... Il y aura une longue bataille, il y aura de grandes injustices, des erreurs, des fautes, des crimes... A la fin, ce que je vois, c'est le Bien. Mais il faudra une longue patience... Beaucoup de sagesse... Beaucoup de bonté...

LA FEMME

Beaucoup d'amour.

Elle hausse toujours la torche au-dessus du vieillard. On voit, en surimpression, la statue de la Liberté éclairant le monde.

L'HOMME PÂLE

Il y a encore des femmes qui ont soif.

LE PÈRE

Il n'y a plus d'eau?

L'HOMME PÂLE

Il y a le ruisseau.

LE PÈRE

Tu as pu traverser le cercle des bêtes. Une fois. Par hasard.

L'HOMME PÂLE

Une fois, et cinq fois, et tous les jours, et chaque fois que tu donneras l'ordre...

LE PÈRE

Tu n'as pas vu les bêtes?

L'HOMME PÂLE

Je ne les ai pas vues, mais elles me verront... Elles me verront au soleil de la flamme que je porte dans mon poing!

LE PÈRE

Il y a les lions et les mammouths.

L'HOMME PÂLE

Oui; les lions et les mammouths, c'est moi qui vais courir contre eux, et avec le Feu qui brille et qui brûle, nous les frapperons en riant... Père, tu entendras la course des monstres, et ils pleureront comme des enfants... Frères, prenez tous des branches de Feu... Les bêtes, ce n'est plus que du cuir et de la viande... Nous les chasserons jusqu'au bord du ciel... Vous avez peur? *(Il se tourne vers la Femme.)* Et toi, mon amour. mon amour, toi tu sortiras la première, pour annoncer la Loi des

Hommes... *(Il pousse le cri de la tribu; la Femme sort, une torche au poing. Il la suit, d'autres le suivent.)*

DEVANT LA GROTTE

La Femme et l'Homme sortent et s'élancent. On entend la fuite des bêtes et de longs rugissements de rage impuissante. D'autres hommes et d'autres femmes sortent en criant, et l'on voit dans la nuit danser les petites flammes, et les bêtes fuient jusqu'au bord du ciel.

BIBLIOGRAPHIE

1926. *Les Marchands de gloire*. En collaboration avec Paul Nivoix, Paris, L'Illustration.

1927. *Jazz*. Pièce en 4 actes, Paris, L'Illustration. Fasquelle, 1954.

1931. *Topaze*. Pièce en 4 actes, Paris, Fasquelle.
Marius. Pièce en 4 actes et 6 tableaux, Paris, Fasquelle.

1932. *Fanny*. Pièce en 3 actes et 4 tableaux, Paris, Fasquelle.
Pirouettes. Paris, Fasquelle (Bibliothèque Charpentier).

1935. *Merlusse*. Texte original préparé pour l'écran, Petite Illustration, Paris. Fasquelle, 1936.

1936. *Cigalon*. Paris, Fasquelle (précédé de *Merlusse*).

1937. *César*. Comédie en deux parties et dix tableaux, Paris, Fasquelle.
Regain. Film de Marcel Pagnol d'après le roman de Jean Giono (Collection « Les films qu'on peut lire »). Paris-Marseille, Marcel Pagnol.

1938. *La Femme du boulanger*. Film de Marcel Pagnol d'après un conte de Jean Giono, « Jean le bleu ». Paris-Marseille, Marcel Pagnol. Fasquelle, 1959.
Le Schpountz. Collection « Les films qu'on peut lire ». Paris-Marseille, Marcel Pagnol. Fasquelle, 1959.

1941. *La Fille du puisatier*. Film, Paris, Fasquelle.

1946. *Le Premier Amour*. Paris, Éditions de la Renaissance. Illustrations de Pierre Lafaux.

1947. *Notes sur le rire*. Paris, Nagel.

Discours de réception à l'Académie française, le 27 mars 1947. Paris, Fasquelle.

1948. *La Belle Meunière*. Scénario et dialogues sur des mélodies de Franz Schubert (Collection « Les maîtres du cinéma »), Paris, Éditions Self.

1949. *Critique des critiques*. Paris, Nagel.

1953. *Angèle*. Paris, Fasquelle.

Manon des Sources. Production de Monte-Carlo.

1954. *Trois lettres de mon moulin*. Adaptation et dialogues du film d'après l'œuvre d'Alphonse Daudet, Paris, Flammarion.

1955. *Judas*. Pièce en 5 actes, Monte-Carlo, Pastorelly.

1956. *Fabien*. Comédie en 4 actes, Paris Théâtre 2, avenue Matignon.

1957. *Souvenirs d'enfance*. Tome I : La Gloire de mon père. Tome II : Le Château de ma mère, Monte-Carlo, Pastorelly.

1959. *Discours de réception de Marcel Achard à l'Académie française et réponse de Marcel Pagnol*, 3 décembre 1959, Paris, Firmin Didot.

1960. *Souvenirs d'enfance*. Tome III : Le Temps des secrets, Monte-Carlo, Pastorelly.

1963. *L'Eau des collines*. Tome I : Jean de Florette. Tome II : Manon des Sources, Paris, Éditions de Provence.

1964. *Le Masque de fer*. Paris, Éditions de Provence.

Traductions

1947. William Shakespeare, *Hamlet*. Traduction et préface de Marcel Pagnol, Paris, Nagel.

1958. Virgile, *Les Bucoliques*. Traduction en vers et notes de Marcel Pagnol, Paris, Grasset.

Éditions illustrées par Albert Dubout. Lausanne, Kaeser, Éditions du Grand Chêne, 1949-1952 : *Topaze*, *Marius*, *Fanny*, *César*.

Œuvres dramatiques. Théâtre et cinéma, Gallimard, 1954, 2 volumes.

Œuvres complètes. Éditions de Provence, 6 volumes (1964-1973).

I. — Les Marchands de gloire, Topaze (1964).
II. — Marius, Fanny (1965).
III. — Cinématurgie de Paris, César, Merlusse (1967).
IV. — Judas, Fabien, Jofroi (1968).
V. — La gloire de mon père, Pirouettes, Discours d'inauguration du lycée Marcel Pagnol.
VI. — La Femme du boulanger, Regain, Critique des critiques (1973).

Édition illustrée par Suzanne Ballivet, Pastorelly.

1969 : *Marius;* 1970 : *Fanny*, *César;* 1971 : *Jean de Florette*, *Manon des Sources;* 1972 : *Topaze;* 1973 : *Regain;* 1974 : *Angèle.*

« Les Chefs-d'œuvre de Marcel Pagnol », Éditions de Provence, 1973-1974 (15 volumes).

Achevé d'imprimer le 4 avril 1979
sur les presses de l'Imprimerie Bussière
à Saint-Amand (Cher)

Presses Pocket
8 rue Garancière
75006 Paris
tél. 329 12 80

— N° d'édit. 1471. — N° d'imp. 249. —
Dépôt légal : 1er trimestre 1979.
Imprimé en France

Achevé d'imprimer le 4 avril 1979
sur les presses de l'Imprimerie Bussière
Saint-Amand (Cher)

N° d'édit. [illegible]. — N° d'impr. [illegible].
Dépôt légal : 1er trimestre 1979.
Imprimé en France